张文光 夏祥霖 任延东 主 审
高 卉 编 著

兰州大学出版社

CHUJIKUAIJI SHIWU

初级会计实务

zhongdengzhiyejiaoyu

图书在版编目(CIP)数据

初级会计实务/高卉编著. —兰州:兰州大学出版社,2013.3

ISBN 978-7-311-04066-6

Ⅰ.①初… Ⅱ.①高… Ⅲ.①会计实务—中等专业学校—教材 Ⅳ.①F233

中国版本图书馆 CIP 数据核字(2013)第 042545 号

责任编辑 张 萍
封面设计 张友乾

书　　名 初级会计实务
作　　者 高 卉 编著
出版发行 兰州大学出版社 (地址:兰州市天水南路 222 号 730000)
电　　话 0931-8912613(总编办公室) 0931-8617156(营销中心)
　　　　 0931-8914298(读者服务部)
网　　址 http://www.onbook.com.cn
电子信箱 press@lzu.edu.cn
印　　刷 白银兴银贵印务有限公司
开　　本 787 mm×1092 mm 1/16
印　　张 10.75
字　　数 244 千
版　　次 2013 年 3 月第 1 版
印　　次 2015 年 8 月第 2 次印刷
书　　号 ISBN 978-7-311-04066-6
定　　价 25.00 元

序

随着我国教育改革的不断深化,尤其是社会与经济高速发展的今天,由于新经济环境下对人才需求层次多样化的客观要求,使得我国的中等职业教育得到了迅速的发展。中等职业教育经历了由专业教育向职业教育的转化,其办学模式、培养目标、人才模式等也都发生了相应变化,而人才培养模式的转换必须通过教学内容和教学方式等途径来实现。因此,作为教学内容载体的教材建设,其定位的基础必须是中职教育培养目标。

《中等职业教育大纲》规定,中等职业教育培养目标是使受教育者成为具备某一职业和工作岗位所需要的职业基础知识和技术能力,以及德、智、体全面发展的中初级应用型、技术型人才。对照这一培养目标,立足"以就业为目标,以市场为导向,以服务为宗旨"的出发点,考虑到目前中职教育对象的素质特征,我们目前所使用的中职教材,大多数仍是按照过去中职或高职培养专业人才的结构和体系,过于追求学科体系的系统性和完整性,职业教育特点不突出,滞后于时代的发展、市场的需求。

基于对上述客观要求的理性思考,中职学校的教学应更加符合市场对中职人才的要求,以"实用、适用、够用、可教"为原则,根据就业岗位的工作思路,从通识、原理、职能到方法,使学生易于理解、掌握和实践,即"能力目标—技能训练—学生主体",培养出有能力、有技术、有责任的学生,实现专业教学与学生就业岗位零距离的目标。

一套有强大生命力的教材,应该以满足读者的需要为宗旨,不断适应环境的变化。本系列教材、实训教程及习题,是在吸收财会理论界近年来所取得的一些理论成果的基础上,借鉴了同类教材的先进经验,组织了长期在教学一线工作并有着丰富教学经验的教师编写而成,是职业教育课程教学改革的重要成果。该系列教材汇集了几代学人的智慧结晶,教材中所列的教学案例,阐述的观点方法,既是教研成果,又是实践积累,并经过实践证实具有明显的教学效果。

教材编写是一项复杂而又细致的工作,我们仍需要不断探索、不断总结、不断完善。由于时间急促、水平有限，教材中难免存在疏漏甚至错误，尚祈赐教，同时对各位作者和出版社的辛勤劳动深表谢意。

成果的展示，是“智慧之晶”的丰收，更是开启“思想之光”的新开端，未有穷尽，我们将不断努力，勇于拼搏，为中等职业教育的发展做出贡献！

2013年3月

序文作者张文光为中国注册会计师、高级审计师、包头财经信息职业学校校长。

前言

随着我国经济的高速发展，中职会计教育的结构及内容发生了深刻的变化，其办学模式、培养目标和教育对象也都发生了相应变化。中职教育的主要目标是培养社会需求的、就业时“不需再培训就能直接上岗操作”的会计技能型人才，而传统教材大多偏重理论，职业技能特点不突出，应用性不能与实际很好对接，不符合中职生的认知特点。为此，我们组织具有丰富教学经验的教师，从“技能性教学”入手，结合新会计准则的精要，同时考虑了中职会计教育对口用人单位的需求，编写了这套会计实务系列教材。

教材是我们结合多年会计教学经验，按照中职教育的目标定位，在充分考虑了中职学生素质特征的基础上编写的。教材突出体现了渗透式教学的需求，重在体现实际操作的理念。目前中职学生层次明显较低，理解能力、接受能力、动手能力较低，从中学步入中职后，直接学习专业课会感到明显不适。这就需要教师在教学中要给学生一定的接受过程，把接触到的各种专业术语，通过反复教学，反复练习，达到规定的教学目标。本教材就是本着这一教学目标而设定的。其主要特征表现为以下几点：

一、由浅入深，由简到繁，逐渐深化。本教材分上、中、下三篇，分别对应三个学期的教学。在《会计入门》课程教学的基础上，通过会计实务教学，要求中职学生能够掌握基础业务的处理方法，熟练掌握会计核算流程。本教材将中职学生应掌握的基础业务按由浅入深、由简到繁的原理，通过反复教学，反复练习，培养学生学习热情，避免“一点误、步步误”的学习误区。

二、缩减理论性内容。作为学生应知应会的会计名词、会计原理，只做基本内容的解释，不做深入阐述，体现中职学生“知道是什么，不要求知道为什么”的教学特点。

三、扩充细节内容。会计业务的处理说明更加详细具体，更好地满足学生自学的需要。

四、理论教学与实践教学并行。本教材的会计操作入门部分是与会计基础技能实训教程并开的，两者相互兼顾，相互补充，将会计知识性教学与操作性教学完美地结合，讲中有练，练中有讲，突出中职教育的理念。

本教材由包头财经信息职业学校高卉老师编著，包头财经信息职业学校校长张文光，副校长夏祥霖、任延东主审。

本教材几经教学实践的检验，并经反复修订，已比较完备。教材与教学计划、教学大纲也较好地匹配，基本可以满足中职会计专业教学的需要。但因编者水平有限，仍存在着这样或那样的不足，尚乞教正。

编　者

2013年3月

目录

上　篇

第一讲　会计要素与会计等式

一、会计要素

会计要素是对会计对象的基本分类,是会计核算对象的具体化,也是设置账户和编制会计报表的基本依据。

我国《企业会计制度》规定,会计要素包括资产、负债、所有者权益、收入、费用和利润六项。其中资产、负债和所有者权益是反映企业财务状况的要素;收入、费用和利润是反映企业经营成果的会计要素。

(一)反映财务状况的会计要素

1.资产

资产是指企业由于过去的交易或事项形成,并由企业拥有或者控制、预期会给企业带来经济利益的资源。

资产按流动性分为流动资产和非流动资产。

流动资产是指库存现金、银行存款、应收账款、原材料、库存商品等,可在一年内变现或者耗用的资产。

非流动资产是指长期股权投资、固定资产、无形资产等在一年以上变现或耗用的资产。

长期股权投资是指企业拥有或控制的持有时间准备超过一年的股权投资。

固定资产是指设备、机器、汽车、房屋等单位价值较高,使用时间较长的资产。

无形资产是指专利权、商标权、土地使用权等没有实物形态,使用时间较长的资产。

2.负债

负债是指由于过去的交易或事项形成、预期会导致经济利益流出企业的现时义务。其中现时义务是指企业现已承担的义务。

负债按流动性分为流动负债和长期负债。

流动负债是指短期借款、应付账款、应缴税费等各种需要在一年以内偿还的债务。

长期负债是指长期借款、应付债券等各种需要在一年以上偿还的债务。

3.所有者权益

所有者权益是指企业资产扣除负债后由所有者享有的剩余权益。公司的所有者权益又称为股东权益。

所有者权益包括实收资本、资本公积、盈余公积和未分配利润四项,其中盈余公积和未分配利润称为留存收益。

投入资本是指投资者实际投入企业的各项资产形成的所有者权益。

资本公积是指企业接受投资者投入资本形成的资本溢价等。

盈余公积是指企业按规定从利润中提取的法定盈余公积金、任意盈余公积。

未分配利润是指企业累积未分配的利润。

(二)反映经营成果的会计要素

1.收入

收入是指企业在日常活动中形成的、会导致所有者权益增加的、与所有者投入资本无关的经济利益总流入。

收入按企业经营业务的主次,可分为主营业务收入和其他业务收入。

主营业务收入是指企业经常性的、主要业务所产生的收入。不同行业、不同企业的主营业务收入各不相同。一般来说,若一项收入在企业全部收入中所占的比重较大,能够对企业的经济利益产生重大影响时,就应确认为该企业的主营业务收入,如工业制造业销售产品的收入、商品流通企业销售商品的收入、建筑业的建筑施工收入等。

其他业务收入是指企业非经常性、兼营业务产生的收入,如原材料销售收入、包装物出租收入等。

2.费用

费用是指企业在日常活动中发生的、会导致所有者权益减少的、与向所有者分配利润无关的经济利益的总流出。

费用按用途不同,可分为计入产品成本的费用与期间费用。

计入产品成本的费用是指为生产产品发生的各项费用,包括直接材料、直接人工与制造费用。直接材料是指生产产品所消耗的各项原材料费用;直接人工是指生产产品的工人工资等薪酬;制造费用是指除直接材料、直接人工以外的各项应计入产品成本的费用,如车间固定资产折旧费、车间管理人员工资及福利费、车间办公费等。

期间费用是指企业经营活动发生的,不应计入产品成本,直接计入当期损益的各项费用,包括管理费用、财务费用和销售费用。管理费用是指企业行政管理部门进行经营活动发生的各项费用,如行政管理部门办公费、劳动保险费等;财务费用是指企业因筹集资金而发生的各项费用,如借款利息、银行结算手续费等;销售费用是指企业销售活动发生的各项费用,如广告费、销售产品应负担的运杂费等。

3.利润

利润是指企业在一定会计期间的经营成果,包括收入减去费用后的净额、直接计入当期损益的利得和损失等。

二、会计等式

(一)反映财务状况的会计等式

资产=负债+所有者权益。

企业的资产有两个来源:一是企业借入形成的,我们称为负债;二是企业接受投资者投资形成的,我们称为所有者权益。在会计上又将负债与所有者权益统称为权益。显然在任何一时点上,企业的资产总额应等于其来源总额,即资产等于权益,也就是资产等于负债与所有者权益之和。

企业在生产经营过程中,每天都会发生各种各样的经济业务,从而引起会计要素的增减

变动,但并不会破坏资产与权益的等式关系。尽管经济业务千变万化,但概括起来,不外乎以下4种类型:

(1)资产与权益同时增加;

(2)资产与权益同时减少;

(3)权益不变,资产有增有减;

(4)资产不变,权益有增有减。

上述任何一项经济业务都不会改变资产与权益的等式关系。下面以实例说明(表1–1)。

表 1–1 某公司 2012 年 1 月 1 日的资产与权益

资产		权益(负债+所有者权益)	
项目	金额/万元	项目	金额/万元
银行存款	70	短期借款	100
应收账款	40	应付账款	40
原材料	130	实收资本	260
固定资产	160		
合计	400	合计	400

从表 1–1 中可以看出,2012 年 1 月 1 日企业的资产总额是 400 万元,权益总额也是 400 万元,资产与权益总额相等。

假设该公司 2012 年 1 月发出如下经济业务:

【例 1】1 月 10 日,公司接受投资 40 万元,存入银行。

这项业务,使公司的“银行存款”资产增加 40 万元,同时使公司的“实收资本”所有者权益增加 40 万元。此项经济业务发生后,公司的资产总额变为 440 万元,权益总额也变为 440 万元,两者相等。此项业务说明,资产与权益同时增加业务只是引起等式左右增加相等的金额,但等式关系仍然存在。

【例 2】1 月 15 日,公司以银行存款偿还短期借款 20 万元。

这项业务,使“银行存款”资产减少 20 万元,同时使“短期借款”负债减少 20 万元。此项经济业务发生后,公司的资产总额变为 420 万元,权益总额也变为 420 万元,两者相等。此项经济业务说明,资产与权益同时减少业务只是引起等式左右减少了相等的金额,但等式关系仍然存在。

【例 3】1 月 20 日,公司以银行存款购入原材料 30 万元。

这项业务,使“原材料”资产增加 30 万元,同时使另一项资产“银行存款”减少 30 万元。此项经济业务发生后,公司的资产总额仍为 420 万元,权益总额也仍为 420 万元,两者相等。此项经济业务说明,权益不变,资产有增有减业务不会改变等式左右的金额及等式关系。

【例 4】1 月 30 日,公司将前欠购料款转为公司接受的投资 40 万元。

这项业务,使负债“应付账款”减少 40 万元,使所有者权益“实收资本”增加 40 万元。此项经济业务发生后,公司的资产总额不变,仍为 420 万元,权益总额也不变,仍为 420 万元。

此项经济业务说明,资产不变,权益有增有减业务不会改变等式左右金额及等式关系。

以上分析说明,经济业务的发生虽会导致资产、负债和所有者权益的增减变动,但无论其怎样变动,都不会破坏资产与权益之间的相等关系。此等式永恒存在,所以又称为会计恒等式。

(二)反映经营成果的会计等式

利润=收入-费用+利得-损失。

其中,收入与费用的差额是指企业日常活动产生的经营成果。企业非日常活动产生的经济利益净流入称为利得,非日常活动产生的经济利益净流出称为损失。企业非日常活动产生的利得和损失一部分应直接计入当期损益中,也有一部分直接计入所有者权益(资本公积)中。非日常活动产生的直接计入当期损益中的利得与损失与日常活动产生的经营成果构成了一定期间的总经营成果。

第二讲 货币资金的核算

一、货币资金的概念

货币资金是指企业处于货币形态的那部分资产。货币资金是企业流动资产的一部分,是流动性最强的资产。根据货币资金的存放地点及其用途的不同,货币资金可分为库存现金、银行存款及其他货币资金。

库存现金是指存放于企业财会部门,由出纳人员经管的那部分货币资金。

银行存款是指企业存放在银行和其他金融机构的货币资金。

其他货币资金是指除库存现金、银行存款以外的各种货币资金。

二、库存现金

(一)库存现金收付范围

1.库存现金的收入范围

(1)剩余差旅费等个人的缴款;

(2)对个人或不能转账的集体单位的销售收入;

(3)不足转账起点的小额收款(1000 元以下)。

2.库存现金的支付范围

(1)职工薪酬;

(2)个人劳动报酬;

(3)根据国家规定发给个人的各种奖金;

(4)各种劳保、福利费用以及国家规定的对个人的其他支出;

(5)向个人收购农副产品和其他物资支付的款项;

(6)出差人员随身携带的差旅费；

(7)结算起点(1000元)以下的零星支出；

(8)中国人民银行确定需要支付现金的其他支出。

(二)库存现金的库存限额

库存现金的库存限额是指为了保证企业日常零星开支的需要，经开户银行审核批准企业留存库存现金的最高数额。

库存限额由开户银行根据企业的实际需要核定，一般按企业3~5天的日常零星开支的需要核定,边远地区和交通不便地区开户的企业,可多于5天,但不得超过15天的日常零星开支。库存限额一经核定,企业必须按规定限额控制库存现金。库存限额不足时,企业可向银行提取现金,以补足限额;超过限额的现金应于当日营业终了存入银行;需要增加或减少库存限额,企业应向开户银行提出申请,由开户银行核定。

(三)库存现金收支的有关规定

1.企业现金收入应于当日送存开户银行。当日送存有困难的,由开户银行确定送存时间。

2.企业支付现金,可以从本企业库存现金限额中支付或者从开户银行提取,不得从本企业的现金收入中直接支付,即坐支现金。因特殊情况需要坐支现金的,应当事先报经开户银行审查批准,由开户银行核定坐支现金的范围和限额。

3.企业从开户银行提取现金,应当写明用途,由本单位财会部门负责人签字盖章,经开户银行审核后,予以支付现金。

4.企业因采购地点不固定、交通不便以及其他特殊情况必须使用现金的,应向开户银行提出申请,经开户银行审核后,予以支付现金。

(四)库存现金收付业务的核算

企业库存现金的收付核算,首先应由出纳人员取得或填制原始凭证,由会计人员对原始凭证进行审核,并根据审核无误的原始凭证填制记账凭证。出纳人员办理现金收付款项时,要以经过审核和签字的原始凭证为依据。收款后应在凭证上加盖“现金收讫”印章,付款后应在凭证上加盖“现金付讫”印章。

1.应设账户

企业应设置“库存现金”账户进行库存现金核算。该账户借方登记库存现金的增加数额,贷方登记库存现金的减少数额,期末借方余额反映库存现金的结存金额。“库存现金”总账由会计人员进行登记,登记方法由企业采用的账务处理程序决定。采用记账凭证账务处理程序时,会计人员应根据记账凭证直接登记“库存现金”总账;采用科目汇总表账务处理程序时,会计人员应根据科目汇总表定期登记“库存现金”总账。

企业还应设置“现金日记账”进行库存现金的序时核算。“现金日记账”由出纳人员根据审核无误的原始凭证或记账凭证,按照经济业务发生的先后顺序逐日逐笔进行登记。每日终了,应计算出本日现金收入、支出合计数及结余数,并与库存现金实有数核对,保证账款相符。

2.现金收入业务的核算

现金收入为库存现金的增加,应借记“库存现金”账户;应贷记的账户则需根据具体业务确定。

【例 1】从银行提取现金 20000 元。

借:库存现金　　20000

　贷:银行存款　　20000

【例 2】职工出差归来报销差旅费 2500 元,退还现金 500 元。(该职工原借差旅费 3000 元)

借:库存现金　　500

　管理费用　　2500

　贷:其他应收款　　3000

3.现金支出业务的核算

现金支出为库存现金的减少,应贷记“库存现金”账户;应借记的账户则需根据具体业务进行确定。

【例 3】以现金支付职工工资 6000 元。

借:应付职工薪酬　　6000

　贷:库存现金　　6000

【例 4】职工出差借差旅费 3000 元,以现金支付。

借:其他应收款　　3000

　贷:库存现金　　3000

(五)库存现金清查

库存现金清查是指通过一定的方法检查库存现金是否账实相符的一种会计核算方法。库存现金清查一般采用实地盘点法。所谓实地盘点法就是由出纳人员盘点库存现金的实存数,然后与现金日记账余额核对,以确定库存现金是否账实相符。实存数大于账存数为现金盘盈,实存数小于账存数为现金盘亏。

库存现金清查既包括出纳人员每日业务处理终了后进行的账实检查,也包括企业定期或不定期组织的现金核查。后一项现金清查一般应编制现金盘点表,详细记录清查的时间、实存数、账存数、盈亏数及盈亏原因、处理方式等内容,并要求相关人员签章。

对于库存现金的盘盈与盘亏,会计人员应根据盈亏原因及时进行相应账务处理。企业应设置“待处理财产损溢”账户核算库存现金的盘盈及盘亏额。“待处理财产损溢”账户的借方登记库存现金盘亏额及结转的库存现金盘盈额,贷方登记库存现金的盘盈额及结转的库存现金盘亏额。按财务制度规定,库存现金盘盈及盘亏额期末必须结转完毕,所以该账户无期末余额。

1.库存现金盘盈的处理

(1)清查出库存现金盘盈时,应反映库存现金增加,借记“库存现金”账户;同时反映待处理现金盘盈增加,贷记“待处理财产损溢”账户。

借:库存现金

贷:待处理财产损溢

(2)根据盘盈原因,结转盘盈时,应反映待处理现金盘盈减少,借记“待处理财产损溢”;同时应根据盘盈原因,确定应贷的科目。

借:待处理财产损溢

贷:×××

若确实无法查明盘盈原因,按财务制度的规定,应计入营业外收入。

借:待处理财产损溢

贷:营业外收入

【例5】2012年3月末,某企业组织库存现金清查,发现现金盘盈500元;经查,盘盈现金为职工归还的欠款,是财务人员未及时入账造成的。

该企业应编制的会计分录如下:

①借:库存现金 500

贷:待处理财产损溢 500

②借:待处理财产损溢 500

贷:其他应收款 500

【例6】2012年4月末,某企业组织库存现金清查,发现现金盘盈1000元;经查,盘盈现金为企业收到的押金,是财务人员未及时入账造成的。

该企业应编制的会计分录如下:

①借:库存现金 1000

贷:待处理财产损溢 1000

②借:待处理财产损溢 1000

贷:其他应付款 1000

【例7】2012年12月末,某企业组织库存现金清查,发现现金盘盈600元;无法查明盘盈原因,按财务制度处理。

该企业应编制的会计分录如下:

①借:库存现金 600

贷:待处理财产损溢 600

②借:待处理财产损溢 600

贷:营业外收入 600

2.库存现金盘亏的处理

(1)清查出库存现金盘亏时,应反映库存现金减少,贷记“库存现金”账户;同时应反映待处理现金盘亏增加,借记“待处理财产损溢”账户。

借:待处理财产损溢

贷:库存现金

(2)根据盘亏原因,结转盘亏时,应反映待处理现金盘亏减少,贷记“待处理财产损溢”账户;同时应根据盘亏原因,确定应借科目。

借:×××

贷:待处理财产损溢

若现金盘亏原因确实无法查明,按财务制度的规定,应计入管理费用。

借:管理费用

贷:待处理财产损溢

【例 8】2012 年 5 月,某企业库存现金清查时,发现现金盘亏 400 元;经查,系购入办公用品未入账造成的。

该企业应编制的会计分录如下:

①借:待处理财产损溢 400

贷:库存现金 400

②借:管理费用 400

贷:待处理财产损溢 400

【例 9】2012 年 6 月,某公司库存现金清查时,发现现金盘亏 500 元;经查,系职工李某的借款,是财务人员未及时入账造成的。

该公司应编制的会计分录如下:

①借:待处理财产损溢 500

贷:库存现金 500

②借:其他应收款——李某 500

贷:待处理财产损溢 500

【例 10】2012 年末,某公司库存现金清查时,发现现金盘亏 900 元;确实无法查明原因,公司决定,由出纳人员赔偿 300 元,其余按财务制度处理。

该公司应编制如下会计分录:

①借:待处理财产损溢 900

贷:库存现金 900

②借:其他应收款 300

管理费用 600

贷:待处理财产损溢 900

三、银行存款

(一)银行结算账户的概念

银行结算账户是指企业在银行开立的办理资金收付结算的人民币活期存款账户。通过银行结算账户可以将资金从一方向另一方转移。单位之间的人民币转账结算离不开银行结算账户。

银行结算账户按用途不同,可分为基本存款账户、一般存款账户、专用存款账户和临时存款账户。

基本存款账户是指企业办理日常转账结算和现金收付而开立的银行结算账户, 是企业的主要存款账户。基本存款账户的使用范围包括:企业日常经费活动的资金收付,工资、奖金和现金的支取。每一个企业开立基本存款账户,必须凭中国人民银行当地分支机构核发的开户许可证办理，只能选择一家银行的一个营业机构开立一个基本存款账户。

一般存款账户是指企业因借款或其他结算需要，在基本存款账户开户银行以外的银行营业机构开立的银行结算账户。一般存款账户主要用于办理企业借款转存、借款归还和其他结算的资金收付。该账户可以办理现金缴存，但不得办理现金支取。开立基本存款账户的企业都可以开立一般存款账户，且没有数量限制。

临时存款账户是指企业因临时需要并在规定期限内使用而开立的银行结算账户。临时存款账户主要用于办理临时机构以及企业临时经营活动发生的资金收付。临时存款账户应根据有关开户证明文件确定的期限或企业的需要确定其有效期限，最长不得超过2年。注册验资的临时存款账户在验资期间只收不付，注册验资资金的汇缴人应与出资人的名称一致。

专用存款账户是指存款人按照法律、行政法规和规章，对有特定用途资金进行专项管理和使用而开立的银行结算账户。专用存款账户主要用于基本建设资金、工会经费等专用资金的结算。

（二）银行存款收支业务的核算

1.应设账户

企业应设置"银行存款"账户进行银行存款的核算。该账户借方登记银行存款收入数额，贷方登记银行存款支出数额，期末借方余额反映银行存款的结余数。"银行存款"总账由会计人员进行登记，登记方法由企业采用的账务处理程序决定。采用记账凭证账务处理程序时，会计人员应根据记账凭证直接登记"银行存款"总账；采用科目汇总表账务处理程序时，会计人员应根据科目汇总表定期登记"银行存款"总账。

企业还应设置"银行存款日记账"进行银行存款的序时核算。"银行存款日记账"由出纳人员根据审核无误的原始凭证或记账凭证，按照经济业务发生的先后顺序逐日逐笔进行登记。每日终了，计算出银行存款收入合计、支出合计及结余数。

2.银行存款收入的核算

银行存款收入为银行存款的增加，应借记"银行存款"账户；应贷记的账户需根据具体业务确定。

【例11】甲公司（增值税一般纳税人）销售产品收款351000元，其中增值税51000元，存入基本存款户。

借：银行存款——基本存款户　　351000

　贷：主营业务收入　　300000

　　应缴税费——应缴增值税（销项税额）　　51000

【例12】甲公司收到银行借款400000元，期限为5个月，存入一般存款账户。

借：银行存款——一般存款户　　400000

　贷：短期借款　　400000

3.银行存款支出的核算

银行存款支出为银行存款的减少，应贷记"银行存款"账户；应借记的账户需根据具体业务进行确定。

【例13】乙公司（增值税一般纳税人）采购材料，取得增值税专用发票，价款200000元，增值税 34000 元。购料款通过基本存款户支付结算。材料已收到验收入库。

借:原材料　　200000

　应缴税费——应缴增值税(进项税额)　　34000

　贷:银行存款——基本存款户　　234000

【例 14】乙公司开出支票缴税 45000 元。

借:应缴税费　　45000

　贷:银行存款——基本存款户　　45000

(三)银行存款的清查

银行存款的清查是指企业银行存款日记账定期与开户银行转来的对账单逐笔核对。如果发现企业银行存款日记账与银行对账单的记账方向或金额不一致时,企业应编制"银行存款余额调节表"进行调节,调节后的双方余额应相同,为企业可动用的存款数额。出纳人员应及时分析造成双方余额不等事项的原因。属于记账差错造成的,应按照正确的方法进行更正;属于未达账项造成的,应待收到有关结算凭证时再进行账务处理。"银行存款余额调节表"不能作为未达账项记账的依据。

【例 15】A 公司 2012 年 11 月 30 日"银行存款日记账"余额为 6308 元,"银行对账单"余额为 6118 元。经逐笔核对,发现如下事项:

①11 月 8 日,公司购买办公用品 568 元,日记账误记为 496 元;

②11 月 15 日,公司收到甲公司签发的支票 422 元,因甲公司存款不足,支票被退回;

③11 月 28 日,公司存现 1663 元,银行未入账;

④11 月 28 日,银行收到到期商业汇票款 2000 元,扣除手续费 14 元,余额 1986 元,公司未入账;

⑤11 月 30 日,银行扣本月结算手续费 19 元,公司未入账。

2012 年 11 月 30 日,A 公司编制的银行存款余额调节表如表 1-2 所示:

表 1-2　银行存款余额调节表

日记账项目	金额/元	对账单项目	金额/元
调整前余额	6308	调整前余额	6118
减:8 日少记支出	72	加:企业已收,银行未收	1663
减:15 日支票退回	422		
加:银行已收,企业未收	1986		
减:银行已付,企业支付	19		
调整后的余额	7781	调整后的余额	7781

A 公司 11 月 30 日可动用的银行存款余额为 7781 元。根据调节表可以看出,A 公司日记账有 4 笔调整事项,其中有 2 笔属于记账错误(前 2 项),应按正确的方法更正;有 2 笔未达账项(后 2 项),应在下月收到相关结算凭证时再入账。

第三讲　应收账款和其他应收款的核算

一、应收账款

(一)应收账款的概念

应收账款是指企业因日常销售商品或提供劳务而形成的债权，包括应向客户收取的货款、增值税及企业代垫的运杂费等。

(二)应收账款的核算

1.应设账户

企业应设置“应收账款”账户进行应收账款的核算。该账户借方登记应向客户收取的款项,贷方登记应收款项的收回,期末借方余额表示尚未收回的款项。该账户应按购货单位或接收劳务单位名称设置明细账进行明细核算。明细账一般采用三栏式账页。

2.销售商品收入实现,款未收到的业务核算

销售商品收入实现,款未收到业务是指企业已开出销售商品发票,商品所有权已转移给购货方,在会计上应当确认收入,但销货款尚未收到。

此项业务的相关处理如下:

(1)销售商品收入实现时,款未收到,应编制会计分录:

借:应收账款——×××公司

　贷:主营业务收入

　　应缴税费——应缴增值税(销项税额)

(2)支付代垫运杂费(购货企业负担),应编制会计分录:

借:应收账款——×××公司

　贷:库存现金或银行存款

(3)支付运杂费(销售企业负担),应编制会计分录:

借:销售费用

　贷:库存现金或银行存款

若销售企业为增值税一般纳税企业,由销售企业负担的运费可按7%抵扣应缴增值税,计作进项税额,应编制会计分录:

借:销售费用

　应缴税费——应缴增值税(进项税额)

　贷:库存现金或银行存款

(4)结转已销商品成本,应编制会计分录:

借:主营业务成本

　贷:库存商品

(5)收回欠款,应编制会计分录:

借:银行存款

贷:应收账款——×××公司

【例 1】A 公司 (增值税一般纳税制造加工企业)2012 年 5 月销售一批产品给 B 公司,开出增值税专用发票,价款 20000 元,增值税 3400 元,款未收到。双方约定,运杂费由 B 公司负担,A 公司先行垫付。销售产品时 A 公司以现金代垫运杂费 3000 元。该批产品成本为 15000 元。2012 年 11 月,A 公司收回 B 公司欠款 26400 元,存入银行。

①2012 年 5 月 A 公司销售产品时,应编制会计分录:

借:应收账款——B 公司	26400	
贷:主营业务收入		20000
应缴税金——应缴增值税(销项税额)		3400
库存现金		3000
借:主营业务成本	15000	
贷:库存商品		15000

②2012 年 11 月 A 公司收回欠款时,应编制会计分录:

借:银行存款	26400	
贷:应收账款——B 公司		26400

【例 2】C 公司 (增值税一般纳税制造加工企业)2012 年 8 月赊售一批产品给 D 公司,开出增值税专用发票,价款 50000 元,增值税 8500 元。C 公司开出支票支付运费 1500 元,双方约定,运费由 C 公司负担。该批产品成本为 42000 元。C 公司 2012 年 9 月收回 D 公司欠款 58500 元,存入银行。

①2012 年 8 月 C 公司赊销产品,应编制会计分录:

借:应收账款——D 公司	58500	
贷:主营业务收入		50000
应缴税费——应缴增值税(销项税额)		8500
借:销售费用	1395	
应缴税费——应缴增值税(进项税额)	105	
贷:银行存款		1500

②2012 年 9 月 C 公司收回欠款,应编制会计分录:

借:银行存款	58500	
贷:应收账款——D 公司		58500

3.提供劳务收入实现,款未收到的业务核算

提供劳务是指企业对外提供运输、加工、修理、修配等服务性业务。提供劳务收入实现是指企业已完成了规定的劳务,在会计上应按双方约定的劳务款确认收入。确认劳务收入时,因款未收到,应通过“应收账款”账户核算。

按增值税法的规定,企业对外提供的加工、修理、修配等劳务收入应计缴增值税,其余的劳务收入不计缴增值税,计缴营业税。

提供劳务收入的核算方法与上述销售商品收入的核算方法基本相同，现以实例说明如下。

【例3】E公司（增值税一般纳税的制造加工企业）2012年9月为F公司加工一批零件，开出增值税专用发票，加工费4000元，增值税680元。款未收到。加工成本共计1000元，均以现金支付。2012年11月E公司收到F公司支付的欠款4680元，存入银行。

①E公司2012年9月提供加工劳务，应编制会计分录：

借：应收账款——F公司　　4680
　贷：主营业务收入　　4000
　　应缴税费——应缴增值税（销项税额）　　680

借：主营业务成本　　1000
　贷：库存现金　　1000

②E公司2012年11月收到欠款，应编制会计分录：

借：银行存款　　4680
　贷：应收账款——F公司　　4680

【例4】G公司（运输公司）2012年10月为H公司提供运输劳务，双方约定运费为6000元，款未收到。G公司为此项运输劳务共支付费用2600元，均以现金支付。G公司2012年12月收到H公司支付的运费。

①2012年10月G公司提供运输劳务，应编制会计分录：

借：应收账款——H公司　　6000
　贷：主营业务收入　　6000

借：主营业务成本　　2600
　贷：库存现金　　2600

②2012年12月G公司收到H公司支付的运费时，应编制会计分录：

借：银行存款　　6000
　贷：应收账款——H公司　　6000

二、其他应收款的核算

（一）其他应收款的概念

其他应收款是指企业非购销活动所发生的各种应收款项。如应收的赔款、罚款，应收的租金，应收的职工欠款，应收的备用金等。

（二）其他应收款的核算

1.应设账户

企业应设置"其他应收款"账户进行其他应收款的核算。该账户借方登记其他应收款的增加，贷方登记其他应收款的减少，期末借方余额表示尚未收回或尚未结算的其他应收款金额。该账户应按应收的单位或个人名称设置明细账，进行明细核算。明细账一般采用三栏式账页。

2.备用金的核算

备用金是指企业预付给企业内部有关部门备作零星开支和职工差旅费的款项。

备用金的核算方法有借款报账制及定额备用金制两种。

(1)借款报账制

借款报账制是指备用金的使用部门或个人使用备用金时,办理借款手续,并按时报销的一种核算方法。

使用备用金借款时,应编制会计分录:

借:其他应收款——×××

贷:库存现金或银行存款

备用金报销时,应编制会计分录:

借:管理费用或制造费用

贷:其他应收款——×××

【例 5】2012 年 11 月 4 日办公室李某出差借差旅费 2000 元,现金支付。11 月 25 日,李某报销差旅费 1800 元,退回现金 200 元。

11 月 4 日李某借差旅费时,应编制会计分录:

借:其他应收款——李某 2000

贷:库存现金 2000

11 月 25 日李某报销差旅费时,应编制会计分录:

借:管理费用 1800

库存现金 200

贷:其他应收款 2000

【例 6】2012 年 12 月 9 日车间日常零星开支借款 4000 元,现金支付。12 月 28 日车间报销零星开支 4600 元,另付车间现金 600 元。

12 月 9 日车间借款时,应编制会计分录:

借:其他应收款——车间 4000

贷:库存现金 4000

12 月 28 日车间报销零星开支时,应编制会计分录:

借:制造费用 4600

贷:其他应收款——车间 4000

库存现金 600

(2)定额备用金制

定额备用金制是指企业根据内部各部门日常零星开支需要,核定一定数额的备用金预付给有关部门使用,并规定报销期限,报销时会计部门按报销金额支付现金补足定额的一种核算方法。一般来说,年初按定额预付备用金;按月报销,并按报销金额补足定额;年终收回定额备用金余额。

年初拨付备用金定额时,应编制会计分录:

借:其他应收款——×××

贷:库存现金或银行存款

每月报销备用金时,补足定额,应编制会计分录:

借:管理费用或制造费用

贷:库存现金或银行存款

年末收回定额备用金余额时,应编制会计分录:

借:库存现金

贷:其他应收款——×××

【例7】2012年初财务部门拨付办公室备用金定额8000元,现金支付。该公司财务制度规定每月25日报销备用金,补足定额。2012年1月25日办公室持有关业务的单据报销备用金6500元,财务部门以现金补足定额。2012年12月25日办公室报销备用金7500元,退回现金500元。

2012年初拨付备用金定额,应编制会计分录:

借:其他应收款——办公室　　8000

贷:库存现金　　8000

2012年1月25日办公室报销备用金,补足定额,应编制会计分录:

借:管理费用　　6500

贷:库存现金　　6500

2012年12月25日办公室报销备用金,退回定额备用金余额,应编制会计分录:

借:管理费用　　7500

库存现金　　500

贷:其他应收款——办公室　　8000

第四讲　原材料和库存商品的核算

一、原材料的核算

原材料是指企业日常生产经营过程中耗用的各种原料及主要材料、辅助材料、燃料、修理用备件和包装材料等。

原材料的核算有两种方法,一种是按实际成本计价核算,一种是按计划成本计价核算。企业可根据实际情况,自行确定核算方法。本讲介绍原材料按实际成本计价的核算。

原材料按实际成本计价核算是指原材料总账及其明细账应按原材料的实际成本登记。

(一)购入原材料的计价及核算

1.购入原材料的计价

(1)增值税一般纳税企业购入原材料的计价

按增值税法的规定,增值税一般纳税制造企业采购原材料,取得增值税专用发票,专用发票上注明的增值税额应计作进项税额,不计入购入原材料的实际成本中;同时规定,增值税一般纳税制造企业采购原材料负担的运费可按7%扣税，计作进项税额，不计入原材料成本。

按此规定，增值税一般纳税制造企业购入原材料的实际成本应为采购原材料的总支出中扣除增值税进项税额以外的各项支出总和，具体包括价款、运杂费（不含运费的7%）、运输途中的合理损耗、入库前的整理挑选费用及进口材料的关税等。单位成本等于实际成本除以实际验收入库的数量。

【例1】A公司（增值税一般纳税制造企业）采购原材料，取得增值税专用发票，增值税专用发票上注明价款50000元，增值税8500元，发票上注明的数量为1000千克。A公司另以现金支付运杂费1500元，其中运费1000元，入库前整理挑选费用300元。实际验收入库995千克，短缺5千克为运输途中的合理损耗。款已用银行存款支付。

该批材料的实际成本=50000+1500-1000×7%+300=51730（元），

该批材料的单位成本=51730÷995=52（元/千克），

增值税进项税额=8500+1000×7%=8570（元）。

【例2】B公司（增值税一般纳税制造企业）进口原材料，取得海关完税凭证，完税凭证上注明价款300000元，增值税56100元，关税30000元，数量1200件。B公司另付国内运杂费3200元，其中运费2900元。实际验收入库数量为1200件。

该批进口材料的实际成本=300000+30000+3200-2900×7%=332997（元），

该批进口材料的单位成本=332997÷1200=277.50（元/件）。

【例3】C公司（增值税一般纳税制造企业）采购原材料，取得普通发票，发票上注明货款48000元，数量500千克。C公司另付运杂费1300元，其中运费1200元。C公司实际验收入库490千克，短缺10千克为运输途中的合理损耗。

该批材料的实际成本=48000+1300-1200×7%=49216（元），

该批材料的单位成本=49216÷490=100.44（元/千克）。

（2）增值税小规模纳税企业购入原材料的计价

增值税小规模纳税制造企业采购原材料的实际成本为采购原材料发生的各项支出总和，具体包括价款、增值税、运杂费、运输途中的合理损耗及进口关税。入库材料的单位成本为实际成本除以实际入库数量。

【例4】D公司（增值税小规模纳税制造企业）采购原材料，取得增值税专用发票，增值税专用发票上注明价款50000元，增值税8500元，采购数量为1000千克。A公司另付运杂费1500元，其中运费1000元，入库前整理挑选费用300元。实际验收入库995千克，短缺5千克为运输途中的合理损耗。材料已验收入库，款已用银行存款支付。

该批材料的实际成本=50000+8500+1500+300=60300（元），

该批材料的单位成本=60300÷995=60.60（元/千克）。

2.购入原材料的核算

（1）应设账户

①企业应设置“原材料”账户进行库存原材料的核算。该账户为资产类账户。原材料验收入库，表示库存材料增加，记该账户借方；发出原材料，表示库存材料减少，记该账户贷方；期

末余额在借方,表示月末结存材料的实际成本。该账户应按库存原材料的种类设置明细账,进行明细核算。明细账一般采用数量金额式账页,也可采用三栏式账页。

②企业应设置“在途物资”账户进行在途材料的核算。在途材料是指款已付,尚未收到验收入库的原材料。该账户为资产类账户。支付采购材料款时,材料尚未收到,表示在途材料增加,记该账户借方;收到在途材料,验收入库时,表示在途材料减少,记该账户贷方。该账户应按在途材料的种类设置明细账,进行明细核算。明细账一般采用三栏式账页。

③企业应设置“应付账款”账户进行应付账款的核算。该账户为负债类账户。材料验收入库时,款未支付,表示应付账款的增加,记该账户贷方;支付采购材料的欠款时,表示应付账款的减少,记该账户借方;期末余额一般在贷方,表示尚未支付的采购材料的欠款。该账户应按债务单位名称设置明细账,进行明细核算。明细账一般采用三栏式账页。

(2)材料验收入库,同时付款的核算

①增值税一般纳税企业采购材料,取得增值税专用发票,材料验收入库,同时付款,应按购入原材料的实际成本反映“原材料”增加;同时反映“应缴税费——应缴增值税(进项税额)”的增加及“银行存款”“库存现金”的减少。

借:原材料

　应缴税费——应缴增值税(进项税额)

　贷:银行存款

　　库存现金

【例5】上述例1,A公司收到材料,同时付款,应编制会计分录:

借:原材料　51730

　应缴税费——应缴增值税(进项税额)　8570

　贷:银行存款　58500

　　库存现金　1800

②增值税小规模纳税企业,材料验收入库,同时付款时应按购入原材料的实际成本反映“原材料”的增加,同时反映“银行存款”“库存现金”的减少。

借:原材料

　贷:银行存款

　　库存现金

【例6】上述例4,D公司收到材料,付款时应编制如下会计分录:

借:原材料　60300

　贷:银行存款　60300

(3)付款时材料尚未收到业务的核算

①增值税一般纳税企业,采购材料,取得增值税专用发票,支付采购材料款时,因材料尚未收到,应按购入材料的实际成本反映“在途物资”增加,同时反映“应缴税费——应缴增值税(进项税额)”的增加及“银行存款”“库存现金”的减少。收到材料时,反映“原材料”的增加,“在途物资”的减少。

付款时编制会计分录:

借:在途物资

应缴税费——应缴增值税(进项税额)

贷:银行存款

收料时编制会计分录:

借:原材料

贷:在途物资

【例7】甲公司(增值税一般纳税企业)2012年10月5日采购S材料,取得增值税专用发票,专用发票上注明价款60000元,增值税10200元,数量600件。款已通过银行支付,材料尚未收到。11月2日,甲公司收到S材料,验收入库,实收数量600件。

10月5日甲公司付款时,编制会计分录:

借:在途物资——S材料　　60000

应缴税费——应缴增值税(进项税额)　　10200

贷:银行存款　　70200

11月2日甲公司收到S材料时,编制会计分录:

借:原材料——S材料　　60000

贷:在途物资——S材料　　60000

②增值税小规模纳税企业,支付采购材料款时,因材料尚未收到,应按购入材料的实际成本反映"在途物资"增加,同时反映"银行存款""库存现金"的减少。收到材料时,反映"原材料"的增加,"在途物资"的减少。

付款时编制会计分录:

借:在途物资

贷:银行存款

收料时编制会计分录:

借:原材料

贷:在途物资

【例8】乙公司(增值税小规模纳税企业)2012年11月8日采购D材料,取得普通发票,价款56000元,数量1200吨。对方代垫运杂费1300元。款已全部通过银行支付,材料尚未收到。11月25日乙公司收到D材料,全部验收入库。

11月8日乙公司付款时,编制会计分录:

借:在途物资——D材料　　57300

贷:银行存款　　57300

11月25日乙公司收到D材料时,编制会计分录:

借:原材料——D材料　　57300

贷:在途物资——D材料　　57300

(4)收到材料时,款尚未支付业务的核算

①增值税一般纳税企业,采购材料,取得增值税专用发票,材料验收入库时,应按购入材料的实际成本反映"原材料"增加,及"应缴税费——应缴增值税(进项税额)"的增加,但因款

未支付,应反映"应付账款"增加。还款时,应反映"应付账款"的减少,及"银行存款"的减少。

材料验收入库时,编制会计分录:

借:原材料

　应缴税费——应缴增值税(进项税额)

　贷:应付账款

还款时,编制会计分录:

借:应付账款

　贷:银行存款

【例 9】丙公司(增值税一般纳税企业),2012 年 9 月 15 日向 E 公司采购 F 材料,取得普通发票,价款 45000 元,E 公司代垫运杂费 1800 元,其中运费 1500 元。丙公司另以现金支付入库前整理挑选费用 500 元。材料已验收入库,款尚未支付。10 月 15 日,丙公司以银行存款支付采购 F 材料的欠款。

9 月 15 日丙公司收到材料,编制会计分录:

材料采购成本=45000+1800−1500×7%+500=47195(元)

增值税进项税额=1500×7%=105(元)

借:原材料——F 材料	47195	
应缴税费——应缴增值税(进项税额)	105	
贷:应付账款——E 公司		46800
库存现金		500

10 月 15 日丙公司支付 F 材料欠款,编制会计分录:

借:应付账款——E 公司	46800	
贷:银行存款		46800

②增值税小规模纳税企业,材料验收入库时,应按购入材料的实际成本反映"原材料"增加,按尚未支付的款项反映"应付账款"增加。还款时,应反映"应付账款"减少,及"银行存款"减少。

材料验收入库,编制会计分录:

借:原材料

　贷:应付账款

还款时,编制会计分录:

借:应付账款

　贷:银行存款

【例 10】丁公司(增值税小规模纳税企业)2012 年 12 月 4 日向 F 公司采购 K 材料,取得增值税专用发票,发票上注明价款 10000 元,增值税 1700 元,数量 1500 千克。F 公司代垫运杂费 1200 元,其中运费 1000 元。实收 1496 千克,短缺 4 千克为运输途中的合理损耗。材料已验收入库,款尚未支付。2013 年 1 月 10 日以银行存款支付 F 公司欠款。

2012 年 12 月 4 日丁公司收到材料时,编制会计分录:

借:原材料——K 材料　　12900

贷:应付账款——F 公司　　　　12900

2013 年 1 月 10 日支付美华公司欠款时,编制会计分录:

借:应付账款——F 公司　　　　12900

贷:银行存款　　　　12900

(二)接受投资者投入原材料的计价及核算

接受投资者投入的原材料，应按双方确认价及企业另付的运杂费之和，作为入账价值(实际成本)。若接受投资方为增值税一般纳税人,并取得增值税专用发票,则专用发票上注明的增值税额可计作增值税的进项税额,不计入取得材料的成本。同购入材料相同,增值税一般纳税制造企业为取得材料负担的,运费可按 7%扣税,计作增值税进项税额,不计入原材料的实际成本。

企业应设置“实收资本”账户反映投资者投入资本的核算。该账户为所有者权益类账户。企业收到投资时,表示实收资本增加,记该账户贷方;企业依法退还投资时,表示实收资本减少,记该账户贷方;期末贷方余额表示实收资本总额。该账户应按投资者名称开设三栏式明细账,进行明细核算。明细账一般采用三栏式账页。

增值税一般纳税企业,接受原材料投资,取得增值税专用发票,收到材料时,应按接受投资材料的实际成本反映“原材料”增加,同时按规定反映“应缴税费——应缴增值税(进项税额)”的增加,按投资额反映“实收资本”的增加。若另付运杂费,应将运杂费计入材料成本,同时反映“银行存款”或“库存现金”的减少。

借:原材料

应缴税费——应缴增值税(进项税额)

贷:实收资本

银行存款或库存现金

增值税小规模纳税企业,接受原材料投资,收到材料时,应按接受投资材料的成本反映“原材料”增加,同时按双方确认的投资额反映“实收资本”的增加。若另付运杂费,应将运杂费计入材料成本,同时反映“银行存款”或“库存现金”的减少。

借:原材料

贷:实收资本

银行存款或库存现金

【例 11】S 公司（增值税一般纳税企业）接受其他企业投入的一批原材料，双方协议价 468000 元，取得投资方开具的增值税专用发票，专用发票上注明价款 400000 元，增值税 68000 元,发票数量 1500 件。S 公司另以现金支付运杂费 2000 元,其中运费 1800 元,入库前的整理挑选费用 500 元。

该批材料的实际成本=400000+2000-1800×7%+500=402374(元),

该批材料的单位成本=402374÷1500=268.25(元/件)。

借:原材料　　　　402374

应缴税费——应缴增值税(进项税额)　　　　68126

贷:实收资本　　　　468000

库存现金　　　　　　　　　　2500

【例 12】若上例 S 公司为增值税小规模纳税制造企业，其他资料不变。

该批材料的实际成本=400000+68000+2000+500=470500(元)；

该批材料的单位成本=470500÷1500=313.67(元/件)。

借：原材料　　　　　　　　　　470500

　贷：实收资本　　　　　　　　　　468000

　　库存现金　　　　　　　　　　　2500

（三）发出原材料的计价及核算

1.发出原材料的计价

发出原材料的计价方法有先进先出法、月末一次加权平均法、个别计价法及移动加权平均法。各单位应根据实际情况进行选择。一经确定，不得随意变更。

(1)先进先出法

先进先出法是假设先入库的材料先发出，按照这一假设计算每次发出材料的成本。具体做法是：收到材料时，逐笔登记每批材料的数量、单价和金额；发出材料时，按最先收到材料的单价来计算发出材料的成本，并逐笔登记发出和结存材料的数量、单价和金额。也可按先进先出原理，月末先计算确定结存材料的成本，再根据月初结存及本月购入情况计算本月发出材料的成本。

【例 13】某公司 2012 年 10 月甲材料收发结存情况如下：

10 月 1 日期初结存 2000 件，单价 2 元；

10 月 7 日 购入 5000 件，单价 2.2 元；

10 月 12 日发出 4000 件；

10 月 15 日购入 3000 件，单价 2.4 元；

10 月 20 日发出 2000 件；

10 月 26 日发出 3000 件。

根据以上资料，采用先进先出法计算本月发出甲材料的成本，见表 1-3。

表 1-3　甲材料明细账

2012 年		记账凭证		摘要	收入			发出			结存		
月	日	类别	号数		数量	单价/元	金额/元	数量	单价/元	金额/元	数量	单价/元	金额/元
10	1			期初结存							2000	2.00	4000
	7			购入	5000	2.20	11000				2000 5000	2.00 2.20	4000 11000
	12			发出				2000 2000	2.00 2.20	4000 4400	3000	2.20	6600

续表

2012年		记账凭证		摘要	收入			发出			结存		
月	日	类别	号数		数量	单价/元	金额/元	数量	单价/元	金额/元	数量	单价/元	金额/元
	15			购入	3000	2.40	7200				3000 3000	2.20 2.40	6600 7200
	20			发出				2000	2.20	4400	1000 3000	2.20 2.40	2200 7200
	26			发出				1000 2000	2.20 2.40	2200 4800	1000	2.40	2400
	31			合计	8000		18200	9000		19800	1000	2.40	2400

月末结存材料的成本=1000×2.4=2400(元),

本月发出材料的成本=4000+18200−2400=19800(元)。

(2)月末一次加权平均法

月末一次加权平均法是月末计算月初结存材料与本月入库材料的平均单位成本，然后根据平均单位成本计算本月发出材料及月末结存材料的成本。采用这种方法,平时需逐笔登记每次入库材料的数量、单价及金额,逐笔登记每次发出材料的数量及结存数量,不需登记每次发出及结存材料的单价、金额,待月末计算出平均单位成本后,再计算登记。

$$平均单位成本=\frac{期初结存材料成本+本月入库材料成本}{期初结存材料数量+本月入库材料数量},$$

本月发出材料成本=本月发出材料数量×平均单位成本,

月末结存材料成本=期初结存材料成本+本月入库材料成本−本月发出材料成本。

【例 14】依据上例甲材料资料,采用月末一次加权平均法计算本月发出甲材料成本,见表 1−4。

表 1−4 甲材料明细账

2012年		记账凭证		摘要	收入			发出			结存		
月	日	类别	号数		数量	单价/元	金额/元	数量	单价/元	金额/元	数量	单价/元	金额/元
10	1			期初结存							2000	2.00	4000
	7			购入	5000	2.20	11000				7000		
	12			发出				4000			3000		
	15			购入	3000	2.40	7200				6000		
	20			发出				2000			4000		
	26			发出				3000			1000	2.22	2220
	31			合计	8000		18200	9000	2.22	19980	1000	2.22	2220

平均单位成本=(4000+18200)÷(2000+8000)=2.22(元),

本月发出材料成本=9000×2.22=19980(元),

月末结存材料成本=4000+18200−19980=2220(元)。

(3)个别计价法

个别计价法是根据材料入库时的实际单价计算每次发出材料成本。采用这种方法需要详细登记每批入库材料的数量、单价、金额及存放地点等,以便发出材料时,能够准确确定其单价。

【例 15】依据上例甲材料资料,假定 10 月 12 日发出的 4000 件材料中,有 1000 件为期初存货,3000 件为 7 日购进;20 日发出的 2000 件材料为 7 日购进;26 日发出的 3000 件材料为 15 日购进。

采用个别计价法计算本月发出甲材料成本,见表 1–5。

表 1–5 甲材料明细账

2012 年		记账凭证		摘要	收入			发出			结存		
月	日	类别	号数		数量	单价/元	金额/元	数量	单价/元	金额/元	数量	单价/元	金额/元
10	1			期初结存							2000	2.00	4000
	7			购入	5000	2.20	11000				2000 5000	2.00 2.20	4000 11000
	12			支出				1000 3000	2.00 2.20	2000 6600	1000 2000	2.00 2.20	2000 4400
	15			购入	3000	2.40	7200				1000 2000 3000	2.00 2.20 2.40	2000 4400 7200
	20			支出				2000	2.20	4400	1000 3000	2.00 2.40	2000 7200
	26			支出				3000	2.40	7200	1000	2.00	2000
	31			合计	8000		18200	9000		20200	1000	2.00	2000

(4)移动加权平均法

移动加权平均法是指以每次进货的成本加上原有库存存货的成本,除以每次进货数量加上原有库存存货数量,据以计算加权平均单位成本,作为在下次进货前计算各次发出存货成本依据的一种方法。计算公式如下:

$$存货单位成本=\frac{原有库存存货的实际成本+本次进货的实际成本}{原有库存存货数量+本次进货数量},$$

本次发出存货的成本=本次发出存货数量×本次发货前存货的单位成本,

本月月末库存货的成本=月末库存货的数量×本月月末存货单位成本。

【例 16】依据上例甲材料资料,采用移动加权平均法计算本月支出甲材料成本,见表 1–6。

表 1-6 甲材料明细账

2012 年		记账凭证		摘要	收入			支出			结存		
月	日	类别	号数		数量	单价/元	金额/元	数量	单价/元	金额/元	数量	单价/元	金额/元
10	1			期初结存							2000	2.00	4000
	7			购入	5000	2.20	11000				7000	2.1429	15000
	12			支出				4000	2.1429	8571.60	3000	2.1429	6428.40
	15			购入	3000	2.40	7200				6000	2.2714	13628.40
	20			支出				2000	2.2714	4542.80	4000	2.2714	9085.60
	26			支出				3000	2.2714	6814.20	1000	2.2714	2271.40
	31			合计	8000		18200	9000		19928.60	1000	2.2714	2271.40

10 月 7 日购入材料后甲材料单位成本=$\frac{4000+11000}{2000+5000}$=2.1429(元),

10 月 12 日发出材料的成本=4000×2.1429=8571.6(元),

10 月 12 日发出材料后库存材料成本=15000−8571.6=6428.4(元),

10 月 15 日购入材料后甲材料单位成本=$\frac{6428.4+7200}{3000+3000}$=2.2714(元),

10 月 20 日及 10 月 26 日发出甲材料的成本=5000×2.2714=11357(元),

10 月 31 日结存甲材料成本=6428.4+7200−11357=2271.4(元)。

2.发出材料的核算

(1)应设账户

①企业应设置“生产成本”账户进行生产费用的归集及产品成本的计算。该账户为成本类账户。发生生产费用时,表示生产成本的增加,记该账户借方;产品完工入库时,结转完工产品成本,表示生产成本的减少,记该账户贷方;期末余额在借方,表示期末在产品成本。该账户应按产品种类开设多栏式明细账进行明细核算,并按成本项目(直接材料、直接人工、制造费用)设置多栏。

②企业应设置“制造费用”账户进行制造费用的归集核算。该账户为成本类账户。发生制造费用时,表示制造费用的增加,记该账户借方;月末应将制造费用结转到“生产成本”账户中,表示制造费用的减少,记该账户贷方;期末无余额。该账户应按车间名称开设多栏式明细账进行明细核算,并按费用项目(如材料费、办公费、工资及福利费等)设置多栏。费用项目由企业根据核算需要自行确定。

③企业应设置“管理费用”账户进行管理费用的归集核算。该账户为损益类中的费用类账户。发生管理费用时,表示管理费用增加,记该账户借方;月末应将本月归集的管理费用结转到本年利润账户中,表示管理费用的减少,记该账户贷方;期末无余额。该账户应按费用项目开设多栏式明细账,进行明细核算。费用项目由企业根据核算需要自行确定。

(2)账务处理

由于发料业务频繁,发料凭证数量大,为了简化核算工作,平时一般只根据发料凭证登记材料明细账,而不直接根据发料凭证编制记账凭证。月末,根据本月发料凭证编制“发料凭证汇总表”,据以编制记账凭证,登记原材料总账。

“发料凭证汇总表”应按发出材料的用途编制。车间生产产品领用的材料成本,应计入“生产成本”账户;车间管理及一般消耗领用的材料成本应计入该车间的“制造费用”账户;行政管理部门领用的材料成本应计入“管理费用”账户。

借:生产成本

　　制造费用

　　管理费用

　贷:原材料

【例 17】某企业 2012 年 8 月末,根据“领料单”,经汇总编制“发料凭证汇总表”,如表 1-7 所示:

表 1-7　发料凭证汇总表

单位:元

应借账户 / 应贷账户		生产成本		制造费用		管理费用	合计
		A 产品	B 产品	一车间	二车间		
原材料	甲材料	46000	20000				66000
	乙材料	4000	5000				9000
	辅助材料			3000	1000	2000	6000
	燃料			5000	4000	2000	11000
	合计	50000	25000	8000	5000	4000	92000

根据表 1-7,该企业应编制如下会计分录:

借:生产成本——A 产品(直接材料)　　50000

　　　　　　——B 产品(直接材料)　　25000

　　制造费用——一车间　　8000

　　　　　　——二车间　　5000

　　管理费用　　4000

　贷:原材料　　92000

二、库存商品的核算

库存商品主要指工业企业完工入库,尚未出售的产成品和商业企业购入,尚未售出的商品。

企业应设置“库存商品”账户进行库存商品的核算。该账户为资产类账户。工业企业产成品完工入库，或商业企业购入商品时，表示库存商品的增加，记该账户的借方；工业企业发出产成品，或商业企业出售商品时，表示库存商品的减少，记该账户的贷方；期末余额在借方，表示期末库存商品的成本。该账户应按库存商品的种类开设明细账，进行明细核算。明细账一般采用数量金额式账页，也可采用三栏式账页。

企业应设置“主营业务成本”账户进行已销商品成本的核算。该账户为损益类中的费用类账户。商品销售，应结转已销商品成本，表示已销商品成本增加，记该账户的借方；月末为了计算利润，应将本月主营业务成本转入“本年利润”账户，表示主营业务成本的减少，记该账户的贷方；期末无余额。该账户应按已销商品种类设置明细账，进行明细核算。明细账一般采用三栏式账页，也可采用数量金额式账页或多栏式账页。

(一)工业企业库存商品的核算

1.结转完工产品成本的核算

工业企业的库存商品，即产成品，其成本为产品在生产过程中发生的各项费用总和。具体包括直接材料费、直接人工费及制造费用。

结转完工产品成本，应按完工产品成本反映“库存商品”增加，同时反映“生产成本”减少。

借：库存商品

　贷：生产成本

2.结转已销产品成本的核算

发出产品的成本计算与发出原材料的成本计算方法相同，可采用先进先出法、月末一次加权平均法、移动加权平均法或个别计价法计算。结转已销产品成本，应按已销产品成本反映“主营业务成本”的增加，同时反映“库存商品”的减少。

借：主营业务成本

　贷：库存商品

此项业务的处理，可随产品销售，逐笔结转，也可于每月末编制“已销产品成本汇总表”，汇总结转。

【例 18】某公司 2012 年 11 月初“库存商品——甲产品”账户余额为 78000 元，结存数量为 1500 件。经计算，11 月完工入库甲产品 2400 件，成本为 134400 元，单位成本为 56 元。经汇总，11 月销售甲产品 2800 件。该公司已销产品成本采用月末一次加权平均法计算。

平均单位成本$=\frac{78000+134400}{1500+2400}=54.46$(元/件)，

本月已销产品成本$=2800\times54.46=152488$(元)，

月末结存产品成本$=78000+134400-152488=59912$(元)。

该公司结转完工产品成本，应编制以下会计分录：

借：库存商品——甲产品　　　　134400

　贷：生产成本——甲产品　　　　134400

该公司结转已销产品成本,应编制以下会计分录:

借:主营业务成本——甲产品　　152488

　贷:库存商品——甲产品　　152488

(二)商业企业库存商品的核算

1.外购商品的计价及核算

增值税一般纳税的商业企业,购入商品,取得增值税专用发票,专用发票上注明的增值税不计入商品成本,计作增值税的进项税额。按财务制度规定,商业企业购入商品过程中发生的运杂费、运输途中的合理损耗及入库前的整理挑选费用等进货费用,应当计入商品采购成本。也可以先进行归集,期末根据所购商品的存销情况进行分摊,对于已售商品的进货费用,计入当期损益;对于未售商品的进货费用,计入期末库存商品的成本。企业采购商品的进货费用金额较小的,可以在发生时直接计入当期损益(销售费用)。

增值税小规模纳税商业企业,购入商品,无论是取得增值税专用发票,还是取得普通发票,增值税不得抵扣,应计入商品的采购成本。

商业企业购入商品业务的处理与工业企业购入原材料业务的处理基本相同, 以增值税一般纳税企业为例,简单说明如下:

商品收到,同时付款业务:

借:库存商品

　应缴税费——应缴增值税(进项税额)

　贷:银行存款

先付款,后收货业务:

借:在途物资

　应缴税费——应缴增值税(进项税额)

　贷:银行存款

借:库存商品

　贷:在途物资

先收货,后付款业务:

借:库存商品

　应缴税费——应缴增值税(进项税额)

　贷:应付账款

借:应付账款

　贷:银行存款

2.发出库存商品的计价及核算

与工业企业发出原材料的计价方法相同, 商业企业发出库存商品的成本可采用先进先出法计价,也可采用月末一次加权平均法、移动加权平均法和个别计价法计价。

结转已销商品成本,应编制会计分录:

借:主营业务成本

　贷:库存商品

第五讲　固定资产的核算

一、固定资产的概念

固定资产是指企业使用期限超过1年的房屋、建筑物、机器、机械、运输工具以及其他与生产经营有关的设备、器具、工具等。不属于生产经营主要设备的物品，单位价值在2000元以上，并且使用年限超过2年的，也应当作固定资产核算。

二、固定资产取得的计价及其核算

（一）应设账户

企业应设置“固定资产”账户进行固定资产原值（取得成本）的核算。该账户为资产类账户。取得固定资产时，表示固定资产增加，应按取得成本记该账户的借方；固定资产报废、出售时，表示固定资产减少，应按减少固定资产的原值记该账户的贷方；期末余额在借方，表示固定资产原值总额。该账户应按固定资产的种类设置明细账，进行明细核算。明细账一般采用三栏式账页，也可采用卡片式账页。

企业应设置“累计折旧”账户进行累计折旧的核算。该账户为资产类账户。企业每月计提折旧时，表示累计折旧的增加，记该账户的贷方；固定资产报废、出售时，表示累计折旧的减少，记该账户的借方；期末余额在贷方，表示累计折旧的总额。该账户可按固定资产种类设置明细账，进行明细核算，明细账一般采用三栏式；也可不设置明细账，不进行明细核算，只进行总分类核算。

企业应设置“工程物资”账户核算，为在建工程准备的各种物资成本，包括工程用材料、尚未安装的设备等。该账户为资产类账户。购入为工程准备的物资时，表示工程物资的增加，记该账户的借方；领用工程物资时，表示工程物资的减少，记该账户的贷方；期末余额在借方，表示库存工程物资的成本。该账户应按物资种类开设明细账，进行明细核算。明细账可采用数量金额式账页，也可采用三栏式账页。

企业应设置“在建工程”账户进行工程成本及固定资产成本的核算。该账户为资产类账户。发生在建工程支出时，表示在建工程的增加，记该账户的借方；工程完工，结转工程成本时，表示在建工程的减少，记该账户的贷方；期末余额在借方，表示在建工程累计已发生的支出总额。该账户应按工程名称开设明细账，进行明细核算。明细账一般采用三栏式账页。

（二）购入不需要经过建造安装即可投入使用的固定资产

购入不需要经过建造安装过程即可投入使用的固定资产，取得成本为购买固定资产发生的各项支出总和，具体包括价款、运费、保险费、包装费、安装费等。按增值税法的规定，一般纳税企业，购入生产用固定资产，取得增值税专用发票，发票上注明的增值税额可予以抵扣，不计入固定资产成本，计作增值税的进项税额。购入非生产用固定资产支付的增值税则不可抵扣,应计入固定资产成本。若购入固定资产的增值税可予以抵扣,则发生的运费也可按 7%抵扣;反之若购入固定资产的增值税不可抵扣,则发生的运费也不得按 7%抵扣。

购入不需要经过建造安装过程即可使用的固定资产,应按购入固定资产的成本,反映固定资产增加及银行存款减少或应付账款增加。若增值税可予以抵扣, 还应反映应缴增值税(进项税额)的增加。

借:固定资产

　应缴税费——应缴增值税(进项税额)

　贷:银行存款或应付账款

【例 1】甲公司(增值税一般纳税企业)购入一生产设备,取得增值税专用发票,发票上注明价款 500000 元,增值税 85000 元。甲公司另付运费 4000 元,包装费 1500 元,保险费 300 元,安装费 500 元。设备已收到,投入使用,款均以银行存款支付。

固定资产成本=500000+4000-4000×7%+1500+300+500=506020(元),

增值税进项税额=85000+4000×7%=85280(元)。

借:固定资产	506020	
应缴税费——应缴增值税(进项税额)	85280	
贷:银行存款		591300

【例 2】甲公司(增值税一般纳税企业)购入一辆小汽车,取得增值税专用发票,发票上注明价款 360000 元,增值税 61200。另发生车辆购置税等相关费用共计 50000 元。款已付。

固定资产成本=360000+61200+50000=471200(元)。

借:固定资产	471200	
贷:银行存款		471200

(三)购入需要经过建造安装过程才能使用的固定资产

购入需要经过建造安装过程才能使用的固定资产, 取得成本为购入固定资产时发生的各项支出与建造安装过程中发生的各项支出的总和。

购入需要经过建造安装过程才能使用的固定资产,应通过“在建工程”账户核算固定资产总成本。

购入固定资产时,应按取得成本反映在建工程增加,银行存款减少或应付账款增加。若增值税可予以抵扣,还应反映应缴增值税(进项税额)增加。

借:在建工程

　应缴税费——应缴增值税(进项税额)

　贷:银行存款或应付账款

建造过程中,发生各项支出时,应反映在建工程增加,银行存款减少或应付账款增加。

借:在建工程

　贷:银行存款或应付账款

固定资产建造安装完工,在建工程账面的各项支出总额,即为固定资产成本。结转工程成本,应反映在建工程的减少,固定资产增加。

借:固定资产

贷:在建工程

【例3】乙公司(增值税小规模纳税企业)2012年9月购入一台大型机床,取得增值税专用发票,发票上注明价款600000元,增值税102000元。款尚未支付。乙公司以存款支付运杂费26000元。机床尚需安装,10月投入安装,12月安装完毕投入使用。乙公司共支付安装费25000元。

机床购入时的成本=600000+102000+26000=728000(元),

机床安装完毕投入使用时的成本=728000+25000=753000(元)。

2012年乙公司购入机床时应编制如下会计分录:

借:工程物资——机床　　728000

　贷:应付账款　　702000

　　银行存款　　26000

2012年10月机床投入安装时应编制如下会议分录:

借:在建工程——机床安装

　贷:工程物资——机床

乙公司支付安装费时应编制如下会计分录:

借:在建工程——机床安装　　26000

　贷:银行存款　　26000

2012年12月乙公司结转工程成本时应编制如下会计分录:

借:固定资产——大型机床　　753000

　贷:在建工程——机床安装　　753000

(四)投资者投入固定资产

投资者投入的固定资产,取得成本为投资双方确认价与另付的运杂费之和。

同购入固定资产相同,若投入的是生产用固定资产,且取得增值税专用发票,则发票上注明的增值税可予以抵扣,发生的运费也可按7%抵扣。

投资者投入固定资产,不需要经过建造安装过程即可使用,应按取得成本反映固定资产增加,按双方确认投资额反映实收资本增加,按支付的运杂费反映银行存款减少。若增值税可予以抵扣,还应反映应缴增值税(进项税额)增加。

借:固定资产

　应缴税费——应缴增值税(进项税额)

　贷:实收资本

　　银行存款

投入需要经过建造安装过程才能投入使用的固定资产,应通过"工程物资""在建工程"账户归集固定资产成本,建造安装完毕,转入固定资产。

投资者投入固定资产时,应按取得成本反映在建工程增加,按双方确认投资额反映实收资本增加,按支付的运杂费反映银行存款减少。若增值税可予认抵扣,还应反映应缴增值税(进项税额)增加。

借:在建工程

应缴税费——应缴增值税(进项税额)

贷:实收资本

银行存款

固定资产建造安装过程中,发生各项支出时,应反映在建工程增加,银行存款减少或应付账款增加。

借:在建工程

贷:银行存款或应付账款

固定资产建造完毕,结转工程成本,应按完工工程成本反映固定资产增加,在建工程减少。

借:固定资产

贷:在建工程

【例4】丙公司(增值税一般纳税企业)2012年10月收到C公司投入的设备,双方确认价292500元,取得C公司开具的增值税专用发票,价款250000元,增值税42500元。丙公司另以银行存款支付运杂费1300元、安装费500元。设备已于当月投入使用。运费不可抵扣。

投入设备的成本=250000+1300+500=251800(元)。

丙公司应编制如下会计分录:

借:固定资产——设备 251800

应缴税费——应缴增值税(进项税额) 42500

贷:实收资本——C公司 292500

银行存款 1800

(五)采用出包方式建造取得的固定资产

采用出包方式建造固定资产,是指企业将固定资产的建造工程缴付承包方,企业按合同约定按期支付工程款,工程完工双方进行结算的一种固定资产建造方式。

采用出包方式建造的固定资产,取得成本为支付给承包方的工程款总和。企业应通过"在建工程"账户归集工程成本。

1.企业按约定支付工程款时,应按实际支付金额反映在建工程增加,银行存款减少。

借:在建工程

贷:银行存款

2.工程完工,企业补付工程款时,应按补付金额反映在建工程增加,银行存款减少。

借:在建工程

贷:银行存款

3.工程完工,结转工程成本时,应按完工成本反映固定资产增加,在建工程减少。

借:固定资产

贷:在建工程

需要说明的是,若预付工程款发生在工程开工前,应先将预付的工程款注入"预付账款"账户,待工程开工后再转入"在建工程"账户。

【例 5】丙公司采用出包方式建造办公楼，承包方报价 350000 元，合同约定，丙公司先预付工程款的 30%，余款在工程完工验收后支付。2012 年 5 月丙公司支付工程款 105000 元。办公楼于当年 11 月完工验收合格，工程的实际造价为 362000 元。丙公司补付剩余工程款 257000 元。

办公楼成本=105000+257000=362000(元)。

2012 年 5 月丙公司预付工程款时应编制如下会计分录：

借：在建工程——办公楼工程　　105000

　贷：银行存款　　105000

2012 年 11 月丙公司补付工程款时应编制如下会计分录：

借：在建工程——办公楼工程　　257000

　贷：银行存款　　257000

2012 年 11 月丙公司结转工程成本应编制如下会计分录：

借：固定资产——办公楼　　362000

　贷：在建工程——办公楼工程　　362000

三、固定资产折旧的计算及核算

(一)固定资产折旧的概念

固定资产因使用而逐渐转移的价值，称为固定资产折旧。

(二)固定资产折旧的范围

财务制度规定，除已提足折旧继续在用的固定资产和土地不需计提折旧以外，其他所有固定资产均应计提折旧。

企业一般应按月计提折旧，当月增加的固定资产，当月不提折旧，从下月起计提折旧；当月减少的固定资产，当月照提折旧，从下月起不提折旧。如企业 2012 年 5 月购入并投入使用的固定资产，该固定资产 2012 年 5 月不计提折旧，从 6 月开始计提；若该固定资产在 2015 年 3 月出售，则该固定资产在 2015 年 3 月仍需计提折旧。

(三)固定资产折旧的计算方法

固定资产折旧计算方法有年限平均法、工作量法等，企业可根据与固定资产有关的经济利益的预期实现方式，合理选择固定资产折旧方法。折旧方法一经确定，不得随意变更。如需变更，应当在会计报表附注中予以说明。

1.有关概念

(1)固定资产原值是指固定资产的入账价值，即固定资产的取得成本。

(2)预计净残值是指取得固定资产时，预计其报废时可能获得的残值收入减去可能发生的清理费用。预计净残值率为预计净残值除固定资产原值。根据各类固定资产的正常使用情况，税法对每类固定资产的预计净值率做出了规定。

预计净残值=预计残值收入-预计清理费=原值×预计净残值率。

(3)固定资产应计折旧额指固定资产原值减预计净残值的差额，即固定资产在预计使用年限内应计提的折旧总额。

固定资产应计折旧额=原值-预计净残值。

(4)固定资产净值指固定资产原值减累计折旧的差额。

固定资产净值=原值-累计折旧。

2.年限平均法

年限平均法又称直线法，是指将固定资产的应计折旧额平均分摊到各期费用中的一种折旧计算方法。采用这种方法计算的每期折旧额是相等的。

计算公式如下：

年折旧额=$\frac{\text{原值}-\text{预计净残值率}}{\text{预计使用寿命}}$；

年折旧额=原值×年折旧率。

月折旧额=$\frac{\text{年折旧额}}{12}$；

月折旧额=固定资产原值×月折旧率。

【例 6】一台机器，原值 40000 元，使用年限为 5 年，预计净残值率为 2.5%。

预计净残值=40000×2.5%=1000(元)，

年折旧额=$\frac{40000-1000}{5}$=7800(元)，

月折旧额=$\frac{7800}{12}$=650(元)，

年折旧率=(1-2.5%)÷5=19.5%，

月折旧率=19.5%÷12=1.625%。

3.工作量法

工作量法是指根据固定资产实际工作量计算每期应提折旧额的一种方法。采用这种方法计算的每期折旧额因实际工作量不同而不等。

计算公式如下

单位工作量折旧额=应计折旧额÷预计的工作总量，

月折旧额=当月的工作量×单位工作量折旧额。

【例 7】某企业一机床，原值 150000 元，预计可使用 400000 小时，预计净残值率为 5%。该机床本月工作量为 5000 小时。

预计净残值=150000×5%=7500(元)，

每小时折旧额=$\frac{150000-7500}{400000}$=0.35625(元)，

本月折旧额=5000×0.35625=1781.25(元)。

四、计提折旧的核算

车间固定资产的折旧费应计入“制造费用”科目，行政管理部门固定资产的折旧费应计入“管理费用”科目。

每月计提折旧应反映制造费用、管理费用增加及累计折旧增加。

借:制造费用

　　管理费用

　贷:累计折旧

五、固定资产出售及报废的核算

企业应设置“固定资产清理”账户进行固定资产清理损益的核算。该账户为资产类账户。借方登记出售及报废固定资产的净值和清理过程中发生的清理费用。贷方登记清理过程中产生的各项收入,如出售价款、残料收入、保险赔款等。清理业务结束后,该账户的借方余额为清理净损失应转入“营业外支出”科目;贷方余额为清理净收益,应转入“营业外收入”科目。结转后,该账户无余额。该账户应按清理固定资产的名称开设明细账,进行明细核算。明细账一般采用三栏式账页。

企业应设置“营业外收入”账户进行利得的核算。利得为非日常活动产生的经济利益的净流入。利得的核算可分为直接计入当期损益和直接计入所有者权益两种。其中直接计入当期损益的利得需通过本账户核算。该账户为损益类中的收入类账户。确认利得实现,表示营业外收入增加,记该账户的贷方;期末应将本期营业外收入结转到本年利润账户,表示营业外收入的减少,记该账户的借方。期末无余额。该账户应按营业外收入的种类设置明细账,进行明细核算。明细账一般采用三栏式账页。

企业应设置“营业外支出”账户进行损失的核算。损失为非日常活动产生的经济利益的净流出。同利得相同,损失的核算也分为直接计入当期损益和直接计入所有者权益两种。其中直接计入当期损益的损失需通过本账户核算。该账户为损益类中的费用类账户。确认损失,表示营业外支出增加,记该账户的借方;期末将本期营业外支出结转到本年利润账户,表示营业外支出的减少,记该账户的减少。期末无余额。该账户应按营业外支出的种类设置明细账,进行明细核算。明细账一般采用三栏式账页。

企业出售固定资产或固定资产报废时,首先应将固定资产转入清理;清理过程中,进行清理费用及清理收入的核算;清理完毕,计算净损益,将净损失转入营业外支出,将净收益转入营业外收入。

(一)固定资产转入清理

固定资产转入清理,应按出售或报废固定资产的净值反映“固定资产清理”增加,按原值反映“固定资产”减少,按累计已提折旧反映“累计折旧”的减少。

借:固定资产清理

　　累计折旧

　贷:固定资产

(二)确认出售收入

确认固定资产出售收入,应按出售价款反映“银行存款”(款已收)或“应收账款”(款尚未收到)的增加,同时反映固定资产清理收入的增加。

借:银行存款或应收账款

　贷:固定资产清理

(三)确认残料收入

确认固定资产残料收入,应按残料收入反映“银行存款”(已售)或“原材料”(已入库尚未出售)的增加,同时反映固定资产清理收入的增加。

借:银行存款或原材料

　贷:固定资产清理

(四)发生清理费

发生清理费,应反映清理支出的增加,同时反映“银行存款”的减少(款已付)或“应收账款”的增加(款尚未支付)。

借:固定资产清理

　贷:银行存款或应付账款

(五)结转应缴营业税及增值税

税法规定,企业出售作为固定资产核算的不动产,即房屋、建筑物时,应按售价的5%计缴营业税;企业出售不动产以外的固定资产,应按适用税率计缴增值税。

结转应缴营业税或增值税时,应反映清理支出的增加;同时应反映应缴税费的增加。

借:固定资产清理

　贷:应缴税费——应缴营业税或应缴增值税

(六)结转清理净损益

固定资产清理完毕,若“固定资产清理”账户为借方余额,表示清理净损失;若“固定资产清理”账户为贷方余额,表示清理净收入。

结转固定资产清理净损失,是指将固定资产清理净损失转入营业外支出,表示营业外支出增加,固定资产清理净损失减少。结转后“固定资产清理”账户无余额。

借:营业外支出

　贷:固定资产清理

结转固定资产清理净收益,是指将固定资产清理净收益转入营业外收入,表示营业外收入增加,清理净收益减少。结转后,“固定资产清理”账户无余额。

借:固定资产清理

　贷:营业外收入

【例8】某企业一台机器报废,该机器原值130000元,累计已提折旧124000元。残料收入3000元,款已收到,存入银行。企业另以现金支付清理费400元。

转入清理时编制如下会计分录:

借:固定资产清理——机器	6000	
累计折旧	124000	
贷:固定资产——机器		130000

收到残料收入时编制如下会计分录:

借:银行存款　　3000

　贷:固定资产清理——机器　　3000

支付清理费用时编制如下会计分录:

借:固定资产清理——机器　　400

　贷:库存现金　　400

结转清理净损失时编制如下会计分录:

借:营业外支出——固定资产报废损失　　3400

　贷:固定资产清理——机器　　3400

【例 9】某公司出售一辆小汽车(固定资产),该汽车原值 90000 元,累计已提折旧 54000 元,售价 45000 元,款已收到,存入银行。适用增值税率为 17%。

转入清理时编制如下会计分录:

借:固定资产清理——小汽车　　36000

　累计折旧　　54000

　贷:固定资产——小汽车　　90000

收到出售款时编制如下会计分录:

借:银行存款　　45000

　贷:固定资产清理——小汽车　　45000

结转应缴增值税编制如下会计分录:

借:固定资产清理——小汽车　　6538.46

　贷:应缴税费——应缴增值税　　6538.46

结转清理净收入编制如下会计分录:

借:固定资产清理——小汽车　　2461.54

　贷:营业外收入——出售固定资产净收入　　2461.54

第六讲　负债的核算

一、短期借款的核算

短期借款是企业向银行或其他金融机构借入的期限在一年以下(含一年)的各种借款。

企业应设置"短期借款"账户进行短期借款本金的核算。该账户为负债类账户。企业收到短期借款时,表示短期借款的增加,记该账户贷方;借款到期归还借款本金,表示短期借款减少,记该账户借方;期末余额在贷方,表示尚未偿还的短期借款本金。该账户应按借款银行名称开设明细账,进行明细核算。明细账一般采用三栏式账页。

企业应设置"应付利息"账户进行已到期尚未支付的利息的核算。该账户为负债类账户。企业计提本期应负担已到期的利息费用时,表示应付利息的增加,记该账户贷方;支付已计提的利息费用时,表示应付利息的减少,记该账户借方;期末余额在贷方,表示已计提、尚未支付的利息费用。该账户应按应付利息的种类设置明细账，进行明细核算。明细账一般采用三栏式账页。

企业应设置“财务费用”账户进行财务费用的核算。财务费用是指企业因筹集资金发生的各项费用，如利息费用、借款手续费、结算手续费等。发生财务费用时，表示财务费用增加，记该账户借方；期末应将本期归集的财务费用转入本年利润账户，表示财务费用的减少，记该账户贷方；期末无余额。该账户应按财务费用的种类设置多栏式明细账，进行明细核算。

1.企业收到短期借款时，应按借款本金，反映“短期借款”的增加，同时反映“银行存款”的增加。

借：银行存款

　贷：短期借款

2.若短期借款利息按月支付，每月末支付利息时，应反映“财务费用”的增加，同时反映银行存款的减少。

借：财务费用

　贷：银行存款

3.若短期借款利息按季于每季末支付，或到期随本金一起支付，但金额较小，可不按月计提，支付时直接计入当月财务费用。

借：财务费用

　贷：银行存款

4.若短期借款利息按季于季末支付，或到期随本金一起支付，但金额较大，应采用计提方式核算利息费用。

按月计提利息费用时，应反映“财务费用”的增加，同时应反映“应付利息”的增加。

借：财务费用

　贷：应付利息

季末或到期付息时，应按已计提的利息费用反映“应付利息”的减少，按未提的利息费用反映“财务费用”的增加，同时应按支付的利息总额反映“银行存款”的减少。

借：应付利息

　　财务费用

　贷：银行存款

5.归还借款本金时，应反映“短期借款”的减少；同时反映“银行存款”的减少。

借：短期借款

　贷：银行存款

【例1】某公司2012年2月1日从工商银行借入期限为3个月的借款300000元，存入银行。按借款合同规定，借款年利率为5%，利息按季于季末支付。未付利息到期随本金一起支付。公司采用预提方式核算利息费用。

2月1日收到借款时编制如下会计分录：

借：银行存款　　　　　　　　　　300000

　贷：短期借款——工商银行　　　　　　300000

2月末计提利息费用时编制如下会计分录：

2月应计提利息费用=300000×5%÷12=1250(元)

借：财务费用 1250

　贷：应付利息 1250

3月末支付本季度利息时编制如下会计分录：

借：财务费用 1250

　　应付利息 1250

　贷：银行存款 2500

4月末还本付息时编制如下会计分录：

借：短期借款——工商银行 300000

　　财务费用 1250

　贷：银行存款 301250

二、长期借款的核算

长期借款是指企业向银行或金融机构借入的，偿还期限在一年以上的各种借款。

企业应设置“长期借款”账户进行长期借款的核算。该账户为负债类账户。企业取得长期借款，每年末计提长期借款利息时，表示长期借款的增加，记该账户贷方；借款到期，还本付息时，表示长期借款的减少，记该账户借方；期末余额在贷方，表示尚未支付的长期借款的本金及已提的未到期利息。该账户应按借款银行名称分别设置“本金”及“应计利息”两个明细账，进行明细核算。明细账一般采用三栏式账页。

需要注意的是，年末计提的长期借款利息要区分是已到期利息还是未到期利息，若属于已到期利息，应计入“应付利息”账户；若属于未到期利息，应计入“长期借款——应计利息”账户。

(一)收到长期借款

企业收到长期借款，应按收到的借款本金，反映长期借款的增加，贷记“长期借款”；同时反映银行存款的增加，借记“银行存款”。

借：银行存款

　贷：长期借款——××银行(本金)

(二)计提长期借款利息

如果长期借款的利息到期时同本金一起支付，按财务制度的规定，企业应按年于每年年末计提本年长期借款的利息费用，计入长期借款。年末计提长期借款本年的利息时，应反映财务费用的增加，借记“财务费用”；同时应反映长期借款的增加，贷记“长期借款”。

借：财务费用

　贷：长期借款——××银行(本金)

(三)按期支付长期借款利息

如果长期借款利息按期支付，如每年末、每半年末等，企业可在支付利息时，直接计入财务费用,不需按月计提。支付利息时,反映财务费用的增加,借记“财务费用”;同时反映银行存款的减少,贷记“银行存款”。

借:财务费用

  贷:银行存款

应注意的是,如果支付期不是年末,企业仍应在年末计提本年应负担的利息费用,计提的利息为未到期利息,计入“长期借款”;下一年度,利息到期时转入“应付利息”。年末计提本年度应负担的利息费用时,应反映财务费用增加及长期借款(应计利息)的增加。

借:账务费用

  贷:长期借款——××银行(应计利息)

下年度利息到期时, 计提当年度应负担利息费用的同时, 应结转上年度末已计提的利息。计提当年度应负担利息费用,应反映账务费用增加;结转上年度已计提的利息,应反映长期借款(应计利息的减少;同时反映到期利息增加,应记入“应付利息”账户)。

借:账务费用

  长期借款——××银行(应计利息)

  贷:应付利息

实际支付到期利息时,应反映应付利息的减少,同时反映银行存款的减少。

借:应付利息

  贷:银行存款

(四)到期还本

借款到期还本时,应反映长期借款减少,借记“长期借款”;同时反映银行存款的减少,贷记“银行存款”。

借:长期借款

  贷:银行存款——××银行(本金)

【例2】某公司2012年1月1日从建设银行借入期限为3年,年利率为8%的到期还本付息的借款200000元,存入银行。

2012年1月1日收到借款时编制如下会计分录:

借:银行存款　　200000

  贷:长期借款——建设银行(本金)　　200000

2012年末、2013年末及2014年末计提利息时编制如下会计分录:

每年末应计提利息费用=200000×8%=16000(元)

借:财务费用　　16000

  贷:长期借款——建设银行(应计利息)　　16000

2015年1月1日借款到期还本付息时编制如下会计分录:

应付利息总额=16000×3=48000(元)

借:长期借款——建设银行　　248000

  贷:银行存款　　248000

【例3】某公司2012年5月1日从中国银行借入期限为2年,年利率为6%的到期还本按年于每年末付息的借款100000元，存入银行。

2012年5月1日收到借款时编制如下会计分录：

借：银行存款　　100000

　贷：长期借款——中国银行（本金）　　100000

2012年末支付利息时编制如下会计分录：

2012年应支付利息=100000×6%÷12×8=4000（元）

借：财务费用　　4000

　贷：银行存款　　4000

2013年末支付利息时编制如下会计分录：

2013年应支付利息=100000×6%=6000（元）

借：财务费用　　6000

　贷：银行存款　　6000

2014年5月1日借款到期还本付息时编制如下会计分录：

应付利息总额=100000×6%÷12×4=2000（元）

借：长期借款——中国银行　　100000

　　财务费用　　2000

　贷：银行存款　　102000

【例4】某公司2010年3月1日从工商银行借入80000元，期限为2年，年利率为6%，到期还本，每半年支付一次利息。

2010年3月1日收到借款时编制如下会计分录：

借：银行存款　　80000

　贷：长期借款——工商银行（本金）　　80000

2010年9月1日支付利息时编制如下会计分录：

应付利息=80000×6%÷2=2400（元）

借：财务费用　　2400

　贷：银行存款　　2400

2010年12月31日计提利息时编制如下会计分录：

应计提利息费用=80000×6%÷12×4=1600（元）

借：财务费用　　1600

　贷：长期借款——工商银行（应计利息）　　1600

2011年3月1日支付利息时编制如下会计分录：

应计提利息费用=80000×6%÷12×2=800（元）

已提利息费用=1600（元）

借：财务费用　　800

　　长期借款——工商银行（应计利息）　　1600

　贷：银行存款　　2400

2011年9月1日支付利息应编制如下会计分录：

借：财务费用　　2400

　贷：银行存款　　2400

2011年12月31日计提利息应编制如下会计分录：

借：财务费用　　1600

　贷：长期借款——工商银行（应计利息）　　1600

2012年3月1日到期还本付息应编制如下会计分录：

借：长期借款——工商银行（本金）　　80000

　　　　　——工商银行（应计利息）　　1600

　财务费用　　800

　贷：银行存款　　82400

三、应付职工薪酬的核算

应付职工薪酬是指企业应付给职工的工资、福利、社会保险费、住房公积金等各种薪酬，其中工资包括基本工资、奖金、津贴、补贴等。

企业应设置"应付职工薪酬"账户进行应付职工薪酬的核算。该账户为负债类账户。企业分配职工薪酬时，表示应付职工薪酬的增加，记该账户的贷方；支付各项职工薪酬时，表示应付职工薪酬的减少，记该账户的借方；该账户余额一般在贷方，表示应付未付的职工薪酬。该账户可按"工资""职工福利""社会保险费""住房公积金""工会经费""职工教育经费"等设置明细账，进行明细核算。

（一）分配工资费用

月末，企业应编制工资费用分配表，将应付生产人员的工资总额分配计入各产品成本中，将车间管理人员的工资总额分配计入各车间制造费用中，将管理人员的工资总额分配计入管理费用中。

借：生产成本

　制造费用

　管理费用

　贷：应付职工薪酬——工资

（二）发放工资

月末，企业应编制工资发放表，根据工资费用分配表中计算确定的应付工资总额，扣除代扣代缴的款项及个人所得税，计算确定实发工资，以现金或银行存款发放。

借：应付职工薪酬 ——工资

　贷：库存现金或银行存款

（三）结转代扣代缴的款项及个人所得税

根据工资发放表中反映的企业代扣代缴的社会保险金、住房公积金、个人所得税等从"应付职工薪酬——工资"账户中转入"应付职工薪酬——社会保险金、住房公积金"账户及

“应缴税费——应缴个人所得税”账户中。

借:应付职工薪酬——工资

贷:应付职工薪酬——社会保险金

——住房公积金

应缴税费——应缴个人所得税

【例 5】甲公司 2012 年 12 月工资费用分配表(表 1–8)及工资发放表(表 1–9)如下:

表 1–8　工资费用分配表

单位:元

类别＼应借账户		生产成本	制造费用	管理费用	合计
生产人员	张三	5800			5800
	李四	3900			3900
	…	…	…	…	…
	小计	129800			129800
生产管理人员	王五		3500		3500
	赵六		3100		3100
	…	…	…	…	…
	小计		56700		56700
经营管理人员	周七			4600	4600
	钱八			4500	4500
	…	…	…	…	…
				89400	89400
合计		129800	56700	89400	275900

表 1–9　工资发放表

单位:元

姓名＼项目	应付工资	代扣社会保险金				个人所得税	实发工资
		养老保险	医疗保险	失业保险	小计		
张三	5800	460	116	58	634	115	5051
李四	3900	310	78	39	427	20	3453
王五	3500	280	70	35	385	0	3115
赵六	3100	248	60	31	341	0	2759
周七	4600	368	92	46	506	55	4039
钱八	4500	360	90	45	495	50	3955
…	…	…	…	…	…	…	…
合计	275900	22072	5518	2759	30349	3980	241571

根据工资费用分配表,甲公司应编制如下会计分录:

借:生产成本　　129800
　制造费用　　56700
　管理费用　　89400
　贷:应付职工薪酬——工资　　275900

根据工资发放表,甲公司应编制如下会计分录:

借:应付职工薪酬——工资　　275900
　贷:应付职工薪酬——社会保险金　　30349
　　应缴税费——应缴个人所得税　　3980
　　银行存款　　241571

四、应缴税费的核算

应缴税费是指企业应缴的各种税金及附加费,如增值税、营业税、所得税、个人所得税、教育费附加等。

企业应设置"应缴税费"账户进行应缴税费的核算。该账户为负债类账户。企业期末结转本期应缴税费时,表示应缴税费的增加,记该账户的贷方;实际缴纳各种税费时,表示应缴税费的减少,记该账户的借方;期末余额一般在贷方,表示应缴未缴的各种税费。该账户应按应缴税费的种类设置明细账,进行明细核算。

(一)应缴增值税的核算

1.增值税一般纳税企业应缴增值税的核算

增值税一般纳税企业应设置应缴增值税专用明细账进行增值税的核算。该明细账的基本形式如表1-10所示。

表1-10　应缴增值税明细账(简表)

年		借方		贷方	借或贷	余额
月	日	进项税额	已交税金	销项税额		

增值税一般纳税企业,采购材料,取得增值税专用发票时,应反映进项税额的增加,记入该明细账的借方;企业销售商品时,应反映销项税额的增加,记入该明细账的贷方;月末,用本月销项税额的合计减去本月进项税额的合计,即为本月应缴增值税。实际缴纳增值税时,应反映已缴税金的增加,记该账户的借方。若本期进项税额大于本期销项税额,表示留抵的进项税额,为该明细账的借方余额。

【例6】甲公司为增值税一般纳税企业,2012年10月进项税额为60万元,销项税额为100万元,则本公司10月应缴增值税为40万元。实际缴纳时,应编制如下会计分录:

借:应缴税费——应缴增值税(已缴税金)　　400000

贷:银行存款　　400000

甲公司10月末应缴增值税明细账无余额。

【例7】乙公司为增值税一般纳税企业,2012年10月进项税额为50万元,销项税额为40万元,则本公司10月无应缴增值税。乙公司10月末应缴增值税明细账借方余额为10万元。

若乙公司11月进项税额为30万元,销项税额为45万元,则11月该公司应缴增值税为5万元(45万-30万-10万)。实际缴税时,编制如下会计分录:

借:应缴税费——应缴增值税(已缴税金)　　50000

贷:银行存款　　50000

乙公司11月末应缴增值税明细账无余额。

2.增值税小规模纳税企业应缴增值税的核算

增值税小规模纳税企业应设置三栏式应缴增值税明细账进行增值税的核算。该明细账的贷方反映应缴增值税;借方反映实际缴纳的增值税;期末余额一般在贷方,表示应缴未缴的增值税。

增值税小规模纳税企业,采购存货支付的增值税应计入采购存货的成本中;销售商品时,按不含税收入的3%计算应缴增值税,记入"应缴税费——应缴增值税"明细账的贷方,贷方合计即为本月应缴增值税;实际缴纳时,记入"应缴税费——应缴增值税"明细账的借方。

【例8】丙公司为增值税小规模纳税制造企业。2012年9月采购原材料,取得增值税专用发票,价款50000元,增值税8500元,另付运杂费1200元,材料已验收入库,款已付。销售产品,不含税售价80000元,增值税征收率3%,款已收。

采购原材料应编制如下会计分录:

借:原材料　　59700

贷:银行存款　　59700

销售产品应编制如下会计分录:

借:银行存款　　82400

贷:主营业务收入　　80000

应缴税费——应缴增值税　　2400

实际缴纳本月增值税时应编制如下会计分录:

借:应缴税费——应缴增值税　　2400

贷:银行存款　　2400

【例9】丁公司为增值税小规模纳税商业企业。2012年11月采购商品,取得增值税专用发票,价款30000元,增值税5100元,另以现金支付运杂费1000元,商品已收到,款尚未支付。本月销售商品,含税价92700元,增值税征收率3%,款已收。该公司采购商品的进货费用直接计入当期损益。

采购商品应编制如下会计分录:

借:库存商品　　35100

贷:应付账款　　35100

支付采购商品的运杂费应编制如下会计分录：

借：销售费用　　1000

　贷：库存现金　　1000

销售商品应编制如下会计分录：

不含税收入=92700÷(1+3%)=90000(元)

应缴增值税=90000×3%=2700(元)

借：银行存款　　92700

　贷：主营业务收入　　90000

　　　应缴税费——应缴增值税　　2700

实际缴纳时编制如下会计分录：

借：应缴税费——应缴增值税　　2700

　贷：银行存款　　2700

(二)应缴营业税的核算

企业应设置"应缴税金——应缴营业税"明细账，进行应缴营业税的核算。

按税法的规定，企业提供交通运输劳务、建筑劳务、服务劳务等实现的劳务收入，应按一定比例计缴营业税；企业出售不动产及无形资产应按售价的5%计缴营业税。

每月末结转本月应缴营业税时，应反映营业税金及附加的增加，借记"营业税金及附加"；同时反映应缴营业税的增加，贷记"应缴税费——应缴营业税"。

借：营业税金及附加

　贷：应缴税费——应缴营业税

实际缴纳营业税时，应反映应缴营业税的减少，借记"应缴税费——应缴营业税"；同时反映银行存款的减少，贷记"银行存款"。

借：应缴税费——应缴营业税

　贷：银行存款

【例10】包头市公共汽车公司2012年12月运输收入共计120万元，营业税率为3%。则该公司12月应缴营业税为36000元(1200000×3%)。

结转本月应缴营业税时应编制如下会计分录：

借：营业税金及附加　　36000

　贷：应缴税费——应缴营业税　　36000

实际缴纳营业税时应编制如下会计分录：

借：应缴税费——应缴营业税　　36000

　贷：银行存款　　36000

(三)应缴城市维护建设税

企业应设置"应缴税费——应缴城市维护建设税"账户，进行城市维护建设税的核算。

按税法规定，企业每月应按当月应缴增值税、应缴营业税及应缴消费税的合计的7%(城市市区)或5%(县城)计缴城市维护建设税。

应缴城市维护建设税=(本月应缴增值税+本月应缴营业税+本月应缴消费税)×7%(或5%)。

每月末结转应缴城市维护建设税时,应反映营业税金及附加的增加,借记“营业税金及附加”;同时反映应缴城市维护建设税的增加,贷记“应缴税费——应缴城市维护建设税”。

借:营业税金及附加

贷:应缴税费——应缴城市维护建设税

实际缴纳城市维护建设税时,应反映应缴城市维护建设税的减少,借记“应缴税费——应缴城市维护建设税”;同时反映银行存款的减少,贷记“银行存款”。

借:应缴税费——应缴城市维护建设税

贷:银行存款

【例 11】华丰公司 2012 年 12 月应缴增值税 30000 元,应缴营业税 3000 元,无应缴消费税。城市维护建设税按 7%计征。

月末结转本月应缴城市维护建设税时应编制如下会计分录:

本月应缴城市维护建设税=(30000+3000)×7%=2310(元)

借:营业税金及附加 2310

贷:应缴税费——应缴城市维护建设税 2310

实际缴纳本月城市维护建设税时应编制如下会计分录:

借:应缴税费——应缴城市维护建设税 2310

贷:银行存款 2310

(四)应缴教育费附加的核算

企业应设置“应缴税费——应缴教育费附加”进行教育费附加的核算。

按税法规定,企业每月应按当月应缴增值税、应缴营业税及应缴消费税的合计的 3%,计缴本月应缴教育费附加。

应缴教育费附加=(本月应缴增值税+本月应缴营业税+本月应缴消费税)×3%。

结转当月应缴教育费附加时,应反映营业税金及附加的增加,借记“营业税金及附加”;同时反映应缴教育费附加的增加,贷记“应缴税费——应缴教育费附加”。

借:营业税金及附加

贷:应缴税费——应缴教育费附加

实际缴纳教育费附加时,应反映应缴教育费附加的减少,借记“应缴税费——应缴教育费附加”;同时反映银行存款的减少,贷记“银行存款”。

【例 12】华丰公司 2012 年 12 月应缴增值税 30000 元,应缴营业税 3000 元,无应缴消费税。教育费附加按 3%征收。

月末结转本月应缴教育费附加时应编制如下会计分录:

本月应缴教育费附加=(30000+3000)×3%=990(元)

借:营业税金及附加 990

贷:应缴税费——应缴教育费附加 990

实际缴纳本月教育费附加时应编制如下会计分录：

借：应缴税费——应缴教育费附加　　990

　贷：银行存款　　990

第七讲　所有者权益的核算

一、所有者权益的概念与内容

（一）所有者权益的概念

所有者权益是指企业资产扣除负债后由所有者享有的剩余权益。公司的所有者权益又称股东权益。

（二）所有者权益的内容

所有者权益包括所有者投入资本、资本公积、盈余公积和未分配利润等。

所有者股入资本是指投资者按照企业章程或合同、协议的约定，实际投入企业的资本。非股份制公司收到投资者的投入资本，计作实收资本；股份制公司通过发行股票筹集的资本，计作股本。所有者投入资本不需偿还，供企业长期使用。

资本公积是指资本溢价、直接计入当期损益的利得和损失等所有权归投资者共同享有的资本。资本公积的用途为转增资本。

盈余公积是指企业按规定从净利润中提取的法定盈余公积、任意盈余公积。法定盈余公积是指企业按法定比例10%，从净利润中提取的盈余公积。法定盈余公积的主要用途是弥补亏损，也可用于转增资本。任意盈余公积是指企业按自行确定的比例，从净利润中提取的盈余公积。任意盈余公积的主要用途是弥补亏损，也可用于转增资本。

未分配利润是指企业各年利润分配后结余的利润，留待以后年度分配的利润。

二、实收资本的核算

非股份公司与股份公司筹集资金的方式不同，会计核算方式也不相同。现说明非股份公司所有者投入资本的核算。

非股份公司应设置“实收资本”账户，进行投资者投入资本的核算。

1.投资者投入现金，应以实际收到金额，反映银行存款的增加，借记“银行存款”；同时反映实收资本的增加，贷记“实收资本”。

借：银行存款

　贷：实收资本

2.投资者投入原材料，应按双方确认价反映原材料的增加，借记“原材料”；同时按双方确认的投资额反映实收资本的增加，贷记“实收资本”。若接受投资方为增值税一般纳税企业，并取得增值税专用发票，则发票上注明的增值税可不计入原材料成本，记作增值税的进项税额。

借：原材料

应缴税费——应缴增值税(进项税额)

贷：实收资本

3.投资者投入固定资产，应按双方确认价反映固定资产的增加，借记“固定资产”；同时反映投资者投入资本的增加，贷记“实收资本”。

借：固定资产

贷：实收资本

第八讲　收入、费用和利润的核算

一、收入的核算

(一)收入的概念及种类

1.收入的定义

收入是指企业在日常活动中形成的，会导致所有者权益增加的，与所有者投入资本无关的经济利益总流入。

2.收入的分类

(1)按收入的性质划分，收入可分为销售商品收入、提供劳务收入和让渡资产使用权收入。

销售商品收入是指制造企业的产品销售收入、流通企业的商品销售收入及原材料、包装物等的销售收入。

提供劳务收入是指企业对外提供加工、修理、修配、运输等劳务取得的收入。

让渡资产使用权收入是指企业转让资产的使用权而获得的租金收入、使用费用收入等。

(2)按企业经营业务的主次划分，收入可分为主营业务收入和其他业务收入。

主营业务收入是指企业主营业务实现的收入，如制造企业及流通企业的商品销售收入、运输公司的运输劳务收入等。

其他业务收入是指企业主营业务以外的日常活动实现的收入，如制造企业销售原材料的收入、出租固定资产的租金收入等。

(二)销售商品收入的核算

制造企业及流通企业应设置“主营业务收入”账户，进行收入的核算。该账户为损益类账户中的收入类账户。确认销售商品收入时，表示主营业务收入增加，记该账户贷方；期末，应将本期主营业务收入转入本年利润，表示主营业务收入转出，记该账户借方；该账户期末无余额。该账户应按销售商品的种类设置明细账，进行明细核算。

企业应设置“其他业务收入”账户，进行销售商品以外的其他日常业务收入的核算。该账户为损益类账户中的收入类账户。确认其他业务收入时，表示其他业务收入的增加，记该账户的贷方；期末，应将本期其他业务收入转入本年利润，表示其他业务收入的转出，记该账户的借方；期末无余额。该账户应按其他业务收入的种类设置明细账，进行明细核算。

企业应设置“主营业务成本”账户，核算已销产品成本。该账户为损益类账户中的费用类账户。结转已销产品成本时，记借方；期末，应将该账户的发生额转入本年利润账户，表示主营业务成本的转出，记贷方；结转后期末无余额。

企业应设置“其他业务成本”账户，核算主营业务活动以外的其他经营活动所发生的支出，如销售材料的成本、出租固定资产的折旧额等。该账户为损益类账户中的费用类账户。结转其他业务成本时，记借方；期末，应将该账户的余额转入本年利润账户，表示其他业务成本的转出，记贷方；结转后期末无余额。

企业应设置“营业税金及附加”账户，核算日常业务活动发生的营业税、消费税、城市维护建设税、教育费附加等各项税费。结转应缴税费时，记借方；期末，应将该账户的发生额转入本年利润账户，表示营业税金及附加转出，记贷方；结转后期末无余额。

下面说明制造企业销售商品的有关经济业务的处理。

1.销售产品，款已收到

借：银行存款

　贷：主营业务收入

　　应缴税费——应缴增值税

2.销售产品，款未收到

借：应收账款

　贷：主营业务收入

　　应缴税费——应缴增值税

3.支付代垫运杂费（购货方负担）

借：应收账款

　贷：银行存款或库存现金

4.支付运杂费（销售方负担）

借：销售费用

　贷：银行存款或库存现金

注：若销售企业为增值税一般纳税企业，销售企业销售产品负担的运费可按7%扣税，计作增值税进项税额，其余运杂费计入销售费用。

借：销售费用

　应缴税金——应缴增值税（进项税额）

　贷：银行存款或库存现金

5.结转已销产品成本

借：主营业务成本

　贷：库存商品

6.结转消费税

若企业销售的产品为应税消费品，每月末企业应按本月应税消费品收入乘以消费税税率，计算应缴消费税。结转本月应缴消费税时，应反映营业税金及附加的增加，借记“营业税金及附加”；同时反映应缴消费税的增加，贷记“应缴税费——应缴消费税”。

借：营业税金及附加

贷：应缴税费——应缴消费税

【例 1】S 公司为增值税一般纳税企业，本月销售产品一批（应税消费品，消费税税率10%），开出增值税专用发票，价款 80000 元，增值税 13600 元；开出支票支付运杂费 1500 元，其中运费 1200 元；该批产品成本为 45000 元，款尚未收到。

S 公司确认销售收入时应编制如下会计分录：

借：应收账款	93600	
贷：主营业务收入		80000
应缴税费——应缴增值税(销项税额)		13600

S 公司结转销售成本时应编制如下会计分录：

借：主营业务成本	45000	
贷：库存商品		45000

S 公司支付运杂费时应编制如下会计分录：

借：销售费用	1416	
应缴税费——应缴增值税(进项税额)	84	
贷：银行存款		1500

S 公司结转消费税时应编制如下会计分录：

应缴消费税=80000×10%=8000(元)

借：营业税金及附加	8000	
贷：应缴税费——应缴消费税		8000

【例 2】D 公司为增值税小规模纳税企业，本月销售产品（应税消费品，消费税税率为8%）一批，不含税售价为 60000 元，增值税率为 3%，开出支票代垫运杂费 1100 元。该批产品成本为 38000 元。款未收到。

D 公司确认销售收入时编制如下会计分录：

借：应收账款	64700	
贷：主营业务收入		60000
应缴税金——应缴增值税		1800
银行存款		1100

D 公司结转销售成本时编制如下会计分录：

借：主营业务成本	38000	
贷：库存商品		38000

D 公司结转消费税时应编制如下会计分录：

应缴消费税=60000×8%=4800(元)

借:营业税金及附加　　　　　　　　　　4800

　贷:应缴税费——应缴消费税　　　　　　　4800

7.销售材料的核算

制造企业销售材料的收入为其他业务收入。企业销售材料同销售产品一样,应计算应缴增值税。销售材料时,应反映银行存款增加或应收账款的增加,借记“银行存款”或“应收账款”;同时反映其他业务收入及应缴增值税的增加,贷记“其他业务收入”“应缴税费——应缴增值税”。

借:银行存款或应收账款

　贷:其他业务收入

　　应缴税费——应缴增值税

结转已销材料的成本时,应反映其他业务成本的增加,借记“其他业务成本”;同时反映原材料的减少,贷记“原材料”。

借:其他业务成本

　贷:原材料

【例 3】G 公司(增值税一般纳税企业)本月销售一批原材料,价款 40000 元,增值税率为17%。款已收到。该批材料成本为 35000 元。

G 公司确认销售材料收入时应编制如下会计分录:

应缴增值税=40000×17%=6800(元)

借:银行存款　　　　　　　　　　46800

　贷:其他业务收入　　　　　　　　　　40000

　　应缴税费——应缴增值税(销项税额)　　6800

G 公司结转已销材料成本时应编制如下会计分录:

借:其他业务成本　　　　　　　　35000

　贷:原材料　　　　　　　　　　　　35000

(三)提供劳务收入的核算

1.加工、修理、修配劳务收入的核算

按增值税法规定,企业提供加工、修理、修配劳务取得的收入,应缴纳增值税,计税方法同销售商品。

制造企业对外提供加工、修理、修配劳务取得的收入应根据企业经营业务的主次,可计作主营业务收入,也可计作其他业务收入。确认劳务收入时,按应收的款项反映银行存款或应收账款的增加,借记“银行存款”或“应收账款”;同时反映主营业务收入或其他业务收入的增加,贷记“主营业务收入”或“其他业务收入”;同时反映应缴增值税的增加,贷记“应缴税费——应缴增值税”。

借:银行存款或应收账款

　贷:主营业务收入或其他业务收入

　　应缴税费——应缴增值税

结转加工、修理、修配相关成本时,应反映主营业务成本或其他业务成本的增加,借记

"主营业务成本"或"其他业务成本";同时反映银行存款、原材料等的减少,贷记"银行存款"或"原材料"等。

借:主营业务成本或其他业务成本

  贷:银行存款或原材料等

【例 4】甲公司为增值税一般纳税企业,2012 年 12 月受托加工一批产品,收到委托方的原材料,价值 80000 元。加工费 20000 元,增值税率 17%。月末,产品已加工完毕,已交付委托方。款已收到。该批受托加工产品加工过程中发生原材料费用 2000 元,人工费 1500 元。

甲公司确认加工收入时应编制如下会计分录:

借:银行存款　　23400

  贷:主营业务收入　　20000

    应缴税费——应缴增值税(销项税额)　　3400

甲公司结转加工成本时应编制如下会计分录:

借:主营业务成本　　3500

  贷:原材料　　2000

    应付职工薪酬——工资　　1500

需要注意的是,甲公司收到受托加工的材料时,不需做账务处理,只需备查登记。

2.加工、修理、修配以外的劳务收入的核算

按税法规定,企业提供加工、修理、修配以外的劳务取得的收入,应计缴营业税,不同的劳务收入,营业税税率不同。

核算方法与上述加工、修理、修配劳务收入相同。

【例 5】乙公司为运输公司,本月取得运输收入 50000 元,款已收到。发生的相关支出 25000 元,其中原材料费 10000 元,人工费 12000 元,其他以现金支付的支出 3000 元。运输收入营业税税率为 3%。

乙公司确认运输收入时应编制如下会计分录:

借:银行存款　　50000

  贷:主营业务收入　　50000

乙公司结转相关支出时应编制如下会计分录:

借:主营业务成本　　25000

  贷:原材料　　10000

    应付职工薪酬——工资　　12000

    库存现金　　3000

乙公司结转本月应缴营业税时应编制如下会计分录:

应缴营业税=50000×3%=1500(元)

借:营业税金及附加　　1500

  贷:应缴税费——应缴营业税　　1500

(四)让渡资产使用权收入

让渡资产使用权收入是指企业出租包装物、固定资产等获得的租金收入、转让无形资产

使用权获得的使用费收入等。

现以企业出租固定资产为例说明让渡资产使用收入的核算。

1.收到押金的核算

企业出租固定资产,收到押金时,应反映银行存款增加,借记"银行存款";同时反映其他应付款的增加,贷记"其他应付款"。

借:银行存款

　贷:其他应付款

2.每月结转租金收入的核算

无论租金的支付方式如何确定,企业均应按月结转租金收入。一般来说,企业出租固定资产的租金收入应计作其他业务收入。每月末结转租金收入时,应反映其他业务收入的增加,贷记"其他业务收入";同时应反映银行存款的增加(每月收款),或其他应收款的增加(到期结算),借记"银行存款"或"其他应收款"。

借:银行存款或其他应收款

　贷:其他业务收入

3.每月计提出租固定资产折旧费的核算

企业计提出租固定资产的折旧费时,应反映其他业务成本的增加,借记"其他业务成本";同时反映累计折旧的增加,贷记"累计折旧"。

借:其他业务成本

　贷:累计折旧

4.收回出租固定资产,退还押金的核算

企业收回出租固定资产后,应退还原收取的押金。退还押金时,应反映其他应付款——押金的减少,借记"其他应付款";同时反映银行存款的减少,贷记"银行存款"。若租金到期时结算,还应反映其他应收款——应收租金的减少,贷记"其他应收款"。

借:其他应付款

　贷:其他应收款

　　银行存款

【例 6】甲企业 2012 年 6 月将一台设备出租给乙公司,租期为 5 个月(从本月开始),每月租金 1000 元,到期结算。该设备每月应提折旧 900 元。甲企业收到押金 20000 元。

甲企业收到押金时应编制如下会计分录:

借:银行存款　　20000

　贷:其他应付款——乙公司押金　　20000

甲公司 6 月末至 10 月末结转租金收入时应编制如下会计分录:

借:其他应收款——乙公司租金　　1000

　贷:其他业务收入　　1000

甲公司每月计提折旧时应编制如下会计分录:

借:其他业务成本　　900

　贷:累计折旧　　900

甲公司10月末收回设备，退还押金时应编制如下会计分录：

借：其他应付款——乙公司押金　　20000

　贷：其他应收款——乙公司租金　　5000

　　银行存款　　15000

二、费用的核算

（一）费用的概念及其种类

费用是指企业在日常活动中发生的、会导致所有者权益减少的，与向所有者分配利润无关的经济利益总流出。

费用按经济用途，可分为生产费用与期间费用两类。

生产费用是指企业在生产产品、提供劳务过程中发生的各项费用。其中生产产品发生的各项生产费用，又称为生产成本；提供劳务发生的各项费用，又称为劳务成本。

生产费用可进一步划分为若干个项目，即产品生产成本项目或成本项目。成本项目的设置应根据管理上的要求确定，对于工业企业而言，一般可设置“直接材料”“直接人工”和“制造费用”等项目。

直接材料指企业在生产产品和提供劳务过程中实际消耗的、直接用于产品生产、构成产品实体的原材料、辅助材料、备品配件、外购半成品、燃料、动力、包装物，低值易耗品和运输、装卸、整理等费用。

直接人工指企业在生产产品和提供劳务过程中直接从事产品生产人员的工资及福利费。

制造费用指企业为生产产品和提供劳务而发生的不属于直接材料和直接人工以外的各项生产费用，如车间管理人员的工资及福利费、车间房屋建筑物和机器设备的折旧费、租赁费、水电费、办公费等。

期间费用是指企业在经营活动过程中发生的各项费用，包括管理费用、财务费用和销售费用。

管理费用是指企业为组织和管理企业生产经营发生的各种费用，包括企业董事会和行政管理部门在企业的经营管理中发生的，或者应由企业统一负担的公司经费(包括行政管理部门职工工资、修理费、物料消耗、低值易耗品摊销、办公费和差旅费等)、工会经费、待业保险费、劳动保险费、董事会会费(包括董事会成员津贴、会议费和差旅费等)、聘请中介机构费、咨询费(含顾问费)、诉讼费、业务招待费、房产税、车船税、土地使用税、印花税、技术转让费、矿产资源补偿费、研究费用、排污费以及企业生产车间和行政管理部门发生的固定资产修理费用等。

商品流通企业管理费用不多的，可不设本科目，相关核算内容可并入“销售费用”科目核算。

财务费用是指企业为募集生产经营所需资金等而发生的筹资费用，包括利息支出(减利息收入)、汇兑损益以及相关的手续费、企业发生或收到的现金折扣等。

销售费用是指企业销售商品和材料、提供劳务的过程中发生的各种费用，包括保险费、包装费、展览费和广告费、商品维修费、预计产品质量保证损失费、运输费、装卸费等以及为销售本企业而专设的销售机构(含销售网点、售后服务网点等)的职工薪酬、业务费、折旧费等经营费用。企业发生的专设销售机构相关的固定资产修理费用等后续支出销售费用。

销售费用是与企业销售商品活动有关的费用，但不包括销售商品本身的成本和劳务成本。销售的商品的成本属于“主营业务成本”,提供劳务的成本属于“劳务成本”。

(二)费用的核算

1.生产成本的核算

企业应设置“生产成本”账户进行生产成本的核算。该账户应按生产产品的种类开设多栏式明细账,进行明细核算,并按直接材料、直接人工和制造费用设置多栏式明细账的项目。

发生直接材料费、直接人工费时,应直接计入各产品成本明细账的相应项目中;发生直接材料费、直接人工费以外的各项生产费用时,应先计入“制造费用”账户,月末再分配计入各产品的生产成本的制造费用项目中。产品完工入库后,应将完工产品的生产成本结转入库存商品账户;待产品销售后,再将已销产品的生产成本转入主营业务成本账户。

(1)生产产品领用材料时

借:生产成本——×××产品(直接材料)

　贷:原材料

(2)分配生产工人报酬时

借:生产成本——×××产品(直接人工)

　贷:应付职工薪酬

(3)车间一般消耗领用材料时

借:制造费用

　贷:原材料

(4)分配车间管理人员报酬时

借:制造费用

　贷:应付职工薪酬

(5)结转制造费用时

借:生产成本——×××产品(制造费用)

　贷:制造费用

(6)结转完工产品成本时

借:库存商品

　贷:生产成本

(7)结转已销产品成本时

借:主营业务成本

　贷:库存商品

2.劳务成本的核算

企业应设置“劳务成本”账户进行劳务成本的核算。该账户应按劳务种类设置多栏式明细账,进行明细核算。该明细账可比照生产成本开设,也可根据企业需要自行设定核算项目。劳务活动结束时,应按劳务成本账户的发生额转入主营业务成本或其他业务成本账户。

(1)受托加工物资领用材料时

借:劳务成本

　贷:原材料

(2)结转受托加工物资过程中应付职工的报酬时

借:劳务成本

　贷:应付职工薪酬

(3)结转受托加工物资的劳务收入及劳务成本时

借:银行存款

　贷:主营业务收入或其他业务收入

　　应缴税费——应缴增值税

借:主营业务成本或其他业务成本

　贷:劳务成本

3.期间费用的核算

企业应设置“管理费用”账户进行管理费用的核算。该账户应根据企业核算需要设置多栏式明细账,进行明细核算。发生管理费用时,计入“管理费用”借方的相应项目中;期末应将本月管理费用发生额转入本年利润账户,结转后无余额。

企业应设置“财务费用”账户,进行财务费用的核算。该账户应根据企业核算需要设置多栏式明细账,进行明细核算。发生财务费用时,计入“财务费用”借方的相应项目中;期末应将本月财务费用的发生额转入本年利润账户,结转后无余额。

企业应设置“销售费用”账户,进行销售费用的核算。该账户应根据企业核算需要设置多栏式明细账,进行明细核算。发生销售费用时,计入“销售费用”借方的相应项目中;期末应将本月销售费用的发生额转入本年利润账户,结转后无余额。

三、利润

(一)利润的概念及其内容

利润是指企业一定期间的经营成果,包括营业利润、利润总额及净利润。

营业利润=营业收入-营业成本-营业税金及附加-销售费用-管理费用-财务费用-资产减值损失+公允价值变动收益+投资收益。

其中,营业收入=主营业务收入+其他业务收入,

营业成本=主营业务成本+其他业务成本。

资产减值损失是指企业计提的各项资产减值准备所形成的损失。

公允价值变动收益是指企业交易性金融资产等公允价值变动形成的应计入当期损益的利得和损失。

投资收益是指企业对外投资确认的收益。

利润总额=营业利润+营业外收入-营业外支出,

净利润=利润总额-所得税费用。

(二)利润形成的核算

企业应设置“本年利润”账户,进行本年利润的核算。该账户为所有者权益类账户,每期末应将本期收入总额转入该账户的贷方,表示本年利润的增加;每期末应将本期的成本费用总额转入该账户的借方,表示本年利润的减少;期末余额在贷方,表示年初到本月末累计实现的利润总额;期末余额在借方,表示年初到本月末累计发生的亏损额。年末应将本账户的余额转入“利润分配——未分配利润”账户,结转后该账户年末无余额。该账户不需进行明细核算。

1.每月末结转本月收入总额的核算

结转本月收入总额是指将本月“主营业务收入”“其他业务收入”“营业外收入”等各项收入的发生额转入“本年利润”账户的贷方。

借:主营业务收入
　其他业务收入
　营业外收入
　贷:本年利润

2.每月末结转本月成本费用的核算

结转成本费用是指将本月 “主营业务成本”“其他业务成本”“营业税金及附加”“销售费用”“管理费用”“财务费用”“营业外支出”等各项费用的发生额转入“本年利润”账户的借方。

借:本年利润
　贷:主营业务成本
　　其他业务成本
　　销售费用
　　管理费用
　　财务费用
　　营业外支出

(三)所得税费用的核算

年末企业根据本年利润(假设无纳税调整项目),计算当年的应缴所得税。

应缴所得税=本年利润总额×所得税税率。

企业应设置“所得税费用”账户,进行所得税费用的核算。该账户为损益类账户。企业确认所得税费用时,表示所得税费用的增加,记借方;结转所得税费用时,表示所得税费用的减少,记贷方。年末无余额。该账户不需要进行明细核算。

1.确认当年所得税费用的核算

确认当年所得税费用,应反映所得税费用的增加,借记“所得税费用”;同时应反映应缴所得税的增加,贷记“应缴税费——应缴所得税”。

借:所得税费用
　贷:应缴税费——应缴所得税

2.结转所得税费用的核算

结转所得税费用是指将本年所得税费用转入本年利润账户中，结转后“所得税费用”账户无余额。

借：本年利润

　贷：所得税费用

【例 7】甲公司 2012 年末结转所得税费用前“本年利润”账户贷方余额为 150000 元，所得税税率为 25%。假设无纳税调整项目。

甲公司 2012 年应缴所得税=150000×25%=37500(元)。

甲公司确认本年所得税费用时应编制如下会计分录：

借：所得税费用　　37500

　贷：应缴税费——应缴所得税　　37500

甲公司结转所得税费用时应编制如下会计分录：

借：本年利润　　37500

　贷：所得税费用　　37500

(四)结转本年利润的核算

结转本年利润是指每年末，企业应将“本年利润”账户的余额转入“利润分配——未分配利润”账户中，结转后“本年利润”账户无余额。

若“本年利润”账户余额在贷方，结转时应编制如下会计分录：

借：本年利润

　贷：利润分配——未分配利润

若“本年利润”账户余额在借方，结转时应编制相反会计分录：

借：利润分配——未分配利润

　贷：本年利润

【例 8】上例甲公司 2012 年末结转所得税费用后，“本年利润”账户贷方余额为 112500 元。

甲公司结转本年利润应编制如下会计分录：

借：本年利润　　112500

　贷：利润分配——未分配利润　　112500

(五)提取盈余公积的核算

年末结转本年利润后，企业应按本年净利润的 10%提取法定盈余公积，按企业自行确定的比例提取任意盈余公积。

提取法定盈余公积=本年净利润×10%，

提取任意盈余公积=本年净利润×自行确定的比例。

1.提取法定盈余公积和任意盈余公积的核算

企业提取法定盈余公积和任意盈余公积，表示利润分配的增加，记“利润分配”账户的借方；同时表示盈余公积的增加，记“盈余公积”的贷方。

借:利润分配——提取法定盈余公积

——提取任意盈余公积

贷:盈余公积

2.结转提取法定盈余公积和任意盈余公积的核算

结转提取法定盈余公积和任意盈余公积,是指将“利润分配——提取法定盈余公积”和“利润分配——提取任意盈余公积”账户的金额转入“利润分配——未分配利润”账户中。结转后“利润分配——提取法定盈余公积”及“利润分配——提取任意盈余公积”账户无余额。若“利润分配——未分配利润”账户的余额在贷方,表示至本年末企业累计未分配的利润;若“利润分配——未分配利润”账户的余额在借方,表示至本年末企业累计发生的亏损。

借:利润分配——未分配利润

贷:利润分配——提取法定盈余公积

——提取任意盈余公积

【例 9】上例甲公司按 10%提取法定盈余公积、按 15%提取任意盈余公积。

甲公司提取法定盈余公积=112500×10%=11250(元),

甲公司提取任意盈余公积=112500×15%=16875 元。

甲公司提取法定盈余公积和任意盈余公积时应编制如下会计分录:

借:利润分配——提取法定盈余公积 11250

——提取任意盈余公积 16875

贷:盈余公积 28125

甲公司结转提取的法定盈余公积和任意盈余公积时应编制如下会计分录:

借:利润分配——未分配利润 28125

贷:利润分配——提取法定盈余公积 11250

——提取任意盈余公积 16875

中　篇

第一讲　会计基本假设和会计信息质量要求

一、会计基本假设

会计基本假设是企业会计确认、计量和报告的前提,是对会计核算所处时间、空间环境等所做的合理设定。会计基本假设包括会计主体、持续经营、会计分期和货币计量。

(一)会计主体

会计主体,是指企业会计确认、计量和报告的空间范围。

作为会计人员,首先需要确定会计核算的范围,明确哪些经济活动应当予以确认、计量和报告,哪些不应包括在其核算范围内,也就是要确定会计主体。

在会计主体假设下,企业应当对其本身发生的交易或事项进行会计确认、计量和报告,反映企业本身所从事的各项生产经营活动。

(二)持续经营

持续经营,是指在可以预见的将来,企业将会按当前的规模和状态继续经营下去,不会停业,也不会大规模削减业务。

在持续经营假设下,企业进行会计确认、计量和报告应当以持续经营为前提,即会计主体将按照既定的用途使用资产,按照既定的合约条件清偿债务,会计人员可以在此基础上选择会计方法。

例如,某企业购入一条生产线,预计使用寿命为10年,考虑到该企业将会持续经营下去,因此企业可将其确认为固定资产,并采用折旧的方法,将其价值分摊到预计使用寿命期间的成本费用中。

(三)会计分期

会计分期,是指将一个企业持续经营的生产经营活动期间划分为若干连续的、长短相同的期间。

会计分期的目的,在于通过会计分期的划分,将持续经营的生产经营活动期间划分成连续的、相同的期间,据此结算盈亏,按期编制财务报告,从而及时向财务报告使用者提供有关企业财务状况、经营成果和现金流量的信息。

会计期间分为年度和中期。年度和中期均按公历起讫日期确定。中期,是指短于一个完整的会计年度的报告期间,如月、季、半年度。

(四)货币计量

货币计量,是指会计主体在进行会计确认、计量和报告时以货币计量,反映会计主体的财务状况、经营成果和现金流量。

企业应选择其经营所处的主要经济环境中的货币,作为其记账用货币,即记账本位币。

我国企业会计准则规定,企业通常应选择人民币作为记账本位币。业务收支以人民币以外的货币为主的企业,可以按规定选定其中一种货币作为记账本位币。但是,编制的财务报表应当折算为人民币。

二、会计信息质量要求

会计信息质量要求,是对企业财务报告中所提供的会计信息质量的基本要求,包括可靠性、相关性、可理解性、可比性、实质重于形式、重要性、谨慎性和及时性等。

(一)可靠性

可靠性要求企业应当以实际发生的交易或事项为依据进行会计确认、计量和报告,如实反映符合确认和计量要求的各项会计要素及其他相关信息,保证会计信息真实可靠、内容完整。

(二)相关性

相关性要求企业提供的会计信息应当与财务报告使用者的经济决策需要相关, 有助于财务报告使用者对企业过去、现在或者未来的情况作出评价或者预测。

(三)可理解性

可理解性要求企业提供的会计信息应当清晰明了,便于财务报告使用者理解和使用。

(四)可比性

可比性要求企业提供的会计信息应当具有可比性,具体包括下列要求:

1.要求同一企业对于不同时期发生的相同或者相似的交易或者事项,应当采用一致的会计政策,不得随意变更。当然,满足会计信息可比性要求,并不表明不允许企业变更会计政策。

2.要求不同企业发生的相同或者相似的交易或者事项,应当采用规定的会计政策,确保会计信息口径一致、相互可比。

(五)实质重于形式

实质重于形式要求企业应当按照交易或者事项的经济实质进行会计确认、计量和报告,不应仅以交易或者事项的法律形式为依据。如果企业仅仅以交易或者事项的法律形式为依据进行会计确认、计量和报告,那么就容易导致会计信息失真,无法如实反映经济现实。

(六)重要性

重要性要求企业提供的会计信息应当反映与企业财务状况、经营成果和现金流量有关的所有重要交易或者事项。

(七)谨慎性

谨慎性要求企业对交易或者事项进行会计确认、计量和报告时应当保持应有的谨慎,不应高估资产或者收益,低估负债或者费用。

(八)及时性

及时性要求企业对于已经发生的交易或者事项,应当及时进行会计确认、计量和报告,不得提前或者延后。

第二讲 应收及预付款项的核算

应收及预付款项是指企业在日常生产经营过程中发生的各项债权,包括应收票据、应收账款和其他应收款及预付账款等。

一、应收票据

(一)应收票据概述

应收票据是指企业因销售商品、提供劳务等而收到的商业汇票形成的债权。

商业汇票是一种由出票人签发的,委托付款人在指定的日期无条件支付确定金额给收款人或者持票人的票据。商业汇票的付款期限,最长不得超过6个月。商业汇票的提示付款期限为自汇票到期日起10天内。

根据承兑人不同,商业汇票分为商业承兑汇票和银行承兑汇票。商业承兑汇票是指由付款人签发并承兑,或由收款人签发交由付款人承兑的汇票。银行承兑汇票是指由在承兑银行开立存款账户的存款人签发,由承兑银行承兑的票据。企业申请使用银行承兑汇票时,应向其承兑银行按票面金额的万分之五缴纳手续费。

商业汇票的到期日,可按日计算(定日付款汇票),也可按月计算(定期付款汇票)。按日计算时,应自出票日起,按实际间隔日数计算。如2012年3月5日签发并承兑、期限为90天的汇票,到期日应为6月3日。按月计算时,要求到期日与出票日应对应。如2012年4月10日签发并承兑、期限为3个月的汇票,到期日应为7月10日。

(二)应收票据的核算

企业应设置“应收票据”科目进行应收票据的核算。该科目借方登记取得的应收票据的面值,贷方登记到期收回票款,期末余额在借方,表示企业持有尚未到期的商业汇票面值。本科目可按开出、承兑商业汇票的单位进行明细核算,并设置“应收票据备查簿”,逐笔登记商业汇票的种类、号数和出票日、票面金额、付款人、承兑人等资料。商业汇票到期结算票款或退票后,在备查簿中应予以注销。

1.销售商品,取得商业汇票

销售商品收入实现时,应确认商品销售收入;同时按收到的商业汇票的面值,确认应收票据。

借:应收票据

　贷:主营业务收入

　　应缴税费——应缴增值税(销项税额)

2.取得商业汇票,抵偿前欠货款

销售商品收入实现时,因款未收到,应确认为应收账款。事后,取得商业汇票时,应按收到的商业汇票的面值,将原确认的应收账款结转为应收票据。

借:应收票据

贷:应收账款

3.商业汇票到期,收回票款

借:银行存款

贷:应收票据

【例 1】A 公司为增值税一般纳税企业,2012 年 3 月 10 日销售一批产品给 B 公司, 开出增值税专用发票, 价款 50000 元, 增值税 8500 元。以现金代垫运杂费 1200 元, 其中运费 1000 元。该批产品成本为 41000 元。收到 B 公司同日签发并已承兑的、面值为 59700 元、期限为 60 天的商业承兑汇票。5 月 9 日汇票到期,A 公司收回票据款,存入银行。

A 公司应做如下相关会计处理:

①3 月 10 日,销售产品,收到商业汇票

借:应收票据——B 公司	597000	
贷:主营业务收入		50000
应缴税费——应缴增值税(销项税额)		8500
库存现金		1200
借:主营业务成本	41000	
贷:库存商品		41000

②5 月 9 日,收回票据款

借:银行存款	59700	
贷:应收票据——B 公司		59700

【例 2】A 公司为增值税一般纳税企业,2012 年 4 月 1 日销售一批产品给 C 公司,开出增值税专用发票, 价款 80000 元, 增值税 13600 元。款未收到。以现金支付销售产品运杂费 1500 元,其中运费 1200 元。该批产品成本为 62000 元。4 月 25 日收到 C 公司同日签发并承兑的面值为 80000 元、期限为 1 个月的银行承兑汇票,和一张面值为 13600 元的转账支票。5 月 25 日收到 C 公司支付的票据款 80000 元,存入银行。

A 公司应做如下相关会计处理:

①4 月 1 日,销售产品

借:应收账款——C 公司	93600	
贷:主营业务收入		80000
应缴税费——应缴增值税(销项税额)		13600
借:主营业务成本	62000	
贷:库存商品		62000
借:销售费用	1416	
应缴税费——应缴增值税(进项税额)	84	
贷:库存现金		1500

②4 月 25 日,收到银行承兑汇票和支票

借:银行存款	13600	

应收票据　　80000

贷:应收账款　　93600

③5 月 25 日,收回票据款

借:银行存款　　80000

贷:应收票据　　80000

4.应收票据的转让

企业可以将自己持有的商业汇票背书转让。背书是指在票据背面或者粘单上记载有关事项并签章的票据行为。企业将持有的商业汇票背书转让用于采购材料时,应按材料的采购成本,借记“原材料”,按可抵扣的增值税额,借记“应缴税费——应缴增值税(进项税额)”,按转让的商业汇票面值,贷记“应收票据”,如有差额,应通过银行存款结算,借记或贷记“银行存款”。

【例 3】B 公司为增值税一般纳税企业,2012 年 1 月 15 日收到 A 公司 1 月 10 日签发的、面值为 60000 元、期限为 2 个月的商业承兑汇票一张,抵前欠货款。1 月 25 日 B 公司向 C 公司采购一批原材料,取得增值税专用发票,价款 80000 元,增值税 13600 元。B 公司将所持有的 A 公司商业承兑汇票背书转让给 C 公司,并通过银行支付 33600 元的差额。原材料已验收入库。

B 公司应做如下相关会计处理:

①1 月 15 日,收到商业承兑汇票

借:应收票据——A 公司　　60000

贷:应收账款——A 公司　　60000

②1 月 25 日,采购材料,转让商业承兑汇票

借:原材料　　80000

应缴税费——应缴增值税(进项税额)　　13600

贷:应收票据——A 公司　　60000

银行存款　　33600

【例 4】B 公司为增值税小规模纳税企业,适用的增值税征收率为 3%。2012 年 2 月 6 日销售产品给 A 公司,开出普通发票,发票价为 61800 元。收到 A 公司同日签发的面值为 61800 元、期限为 1 个月的银行承兑汇票。B 公司另以现金支付销售产品运杂费 1300 元,其中运费 1000 元。该批产品成本为 49000 元。2 月 8 日 B 公司向 C 公司采购原材料,取得增值税专用发票,价款 30000 元,增值税 5100 元。B 公司将所持有的 A 公司银行承兑汇票背书转让给 C 公司,并收到 C 公司退回的票据款 26700 元,存入银行。材料已验收入库。

B 公司应做如下相关会计处理:

①2 月 6 日,销售产品

不含税销售额$=\frac{61800}{1+3\%}=60000$(元)

应缴增值税$=60000\times6\%=3600$(元)

借:应收票据——A 公司　　61800

贷:主营业务收入　　　　　　　　60000

　应缴税费——应缴增值税　　　　3600

借:主营业务成本　　　　　　49000

　贷:库存商品　　　　　　　　49000

借:销售费用　　　　　　　　1300

　贷:库存现金　　　　　　　　1300

②B 公司 2 月 8 日采购材料,转让商业汇票时应做如下会计处理:

借:原材料　　　　　　　　　35100

　银行存款　　　　　　　　26700

　贷:应收票据——A 公司　　　　61800

二、预付账款

预付账款是指企业按照合同规定预付的款项。

企业应当设置“预付账款”科目,进行预付账款的核算。借方登记预付款及补付款,贷方登记应付款及退回的预付款。该科目应按预付单位设置明细账,进行明细核算。若预付款业务不多的企业,也可以不设置“预付账款”科目,发生预付款业务时,通过“应付账款”科目核算。

1.预付款时

借:预付账款(或应付账款)

　贷:银行存款

2.收到采购材料时

借:原材料

　应缴税费——应缴增值税(进项税额)

　贷:预付账款(或应付账款)

3.补付款时

借:预付账款(或应付账款)

　贷:银行存款

4.收回预付款时

借:银行存款

　贷:预付账款(或应付账款)

【例 5】D 公司为增值税一般纳税企业,2012 年 4 月 6 日按购货合同的规定向 C 公司预付购料款 20000 元。4 月 16 日收到 C 公司发来的原材料,取得增值税专用发票,价款 60000 元,增值税 10200 元。C 公司另以现金代垫运杂费 1500 元,其中运费 1000 元。4 月 18 日 D 公司通过银行补付 C 公司 51700 元余款。

D 公司应做如下相关会计处理:

①4 月 6 日,预付购料款

借:预付账款——C 公司　　　　20000

贷:银行存款　　　　　　　　　　　　20000

②4 月 16 日,收到原材料

原材料采购成本=60000+1500-1000×7%=61430(元)

增值税进项税额=10200+1000×7%=10270(元)

借:原材料　　　　　　　　　　　　61430

应缴税费——应缴增值税(进项税额)　　10270

贷:预付账款——C 公司　　　　　　　　71700

③4 月 18 日补付余额

借:预付账款——C 公司　　　　　　51700

贷:银行存款　　　　　　　　　　　　51700

【例 6】C 公司为增值税小规模纳税企业,2012 年 4 月 15 日按合同规定向 D 公司预付购料款 40000 元。4 月 25 日 C 公司收到 D 公司发来的原材料，取得增值税专用发票，价款 30000 元,增值税 5100 元。D 公司代垫运杂费 1200 元,其中运费 1000 元。4 月 26 日 C 公司收回 D 公司退回的余款 3700 元,存入银行。C 公司未设置预付账款账户。

C 公司应做如下相关会计处理:

①4 月 15 日,预付购料款

借:应付账款——D 公司　　　　　　40000

贷:银行存款　　　　　　　　　　　　40000

②4 月 25 日,收到原材料

原材料的采购成本=30000+5100+1200=36300(元)

借:原材料　　　　　　　　　　　　36300

贷:应付账款——D 公司　　　　　　　36300

③4 月 26 日,收回余款

借:银行存款　　　　　　　　　　　3700

贷:应付账款——D 公司　　　　　　　3700

三、应收款项的减值

有客观证据表明无法收回的应收款项,称为坏账;因发生坏账给企业造成的损失,称为坏账损失,也称为应收款项的减值损失。

应收款项的减值损失采用坏账准备金的核算方式。企业应当在资产负债表日(通常指年末)对应收款项的账面价值进行检查,有客观证据表明应收款项发生减值的,应当确认应收款项的减值损失,形成坏账准备金;待确认发生坏账损失时冲减坏账准备金。

企业应设置“坏账准备”科目,核算应收款项的坏账准备的计提、转销等情况。贷方登记当期计提的坏账准备金和收回的坏账损失，借方登记当期实际发生的坏账损失金额和冲减的坏账准备金额,期末余额一般在贷方,反映企业已计提但尚未转销的坏账准备。该账户可按应收款项的类别进行明细核算。

企业应设置“资产减值损失”科目,核算计提的各项资产的减值损失。该科目为损益类账户。借方登记当期确认的各项资产减值损失,贷方登记冲减的资产减值损失,期末余额应转入本年利润,结转后该科目无余额。该科目可按资产减值损失的项目进行明细核算。

(一)资产负债表日计提坏账准备的核算

资产负债表日,计提坏账准备时,应先确定当期各项应收款项减值的总额,即当期应计提的坏账准备总额;然后根据坏账准备金的结存情况,确定当期实际应确认的减值损失,即当期实际应计提的坏账准备金。

当期应计提的坏账准备总额,可根据应收款项的账面价值与应收款项预计未来可收回金额的差额确定;也可根据应收款项的账面价值与企业的坏账损失率确定。

计提坏账准备,应做如下会计处理:

借:资产减值损失

贷:坏账准备

若结存的坏账准备金大于当期应计提的坏账准备金总额,表示前期多提的坏账准备金,应予以冲销。应做如下会计处理:

借:坏账准备

贷:资产减值损失

(二)实际发生坏账损失的核算

有客观证据表明某应收款项无法收回时,应转销坏账准备,不得再确认坏账损失,做如下会计处理:

借:坏账准备

贷:应收账款等

(三)已确认又收回的坏账损失的核算

已确认又收回的坏账损失是指有证据表明某应收款项已无法收回,会计已按坏账损失进行了会计处理,以后又收回的应收款项。确认坏账损失时,转销了坏账准备,又收回时应转回坏账准备。做如下会计处理:

借:银行存款

贷:坏账准备

【例 7】M 公司 2011 年末"应收账款"余额为 1000000 元,M 公司预计应收账款可收回金额为 950000 元,以前未计提坏账准备。2012 年应收账款发生坏账损失 40000 元。2012 年末应收账款余额为 1400000 元,预计可收回金额为 1360000 元。M 公司按年计提坏账准备。

M 公司应做如下相关会计处理:

①2011 年末,计提坏账准备

应计提坏账准备=1000000-950000=50000(元)

借:资产减值损失　　　　50000

贷:坏账准备　　　　50000

②2012 年,发生坏账损失

借:坏账准备　　　　40000

贷:应收账款　　40000

③2012 年末,计提坏账准备

应计提坏账准备=(1400000-1360000)-10000=30000(元)

借:资产减值损失　　30000

贷:坏账准备　　30000

【例 8】N 公司 2011 年末"应收账款"余额为 4000000 元,N 公司预计坏账损失率为 1%,以前未计提坏账准备。2012 年应收账款发生坏账损失 6000 元,收回已确认的坏账损失 10000 元。2012 年末应收账款余额为 5000000 元,N 公司预计坏账损失率仍为 1%。

N 公司应做如下相关会计处理:

①2011 年末,计提坏账准备

应计提坏账准备=4000000×1%=40000(元)

借:资产减值损失　　40000

贷:坏账准备　　40000

②2012 年,发生坏账损失

借:坏账准备　　60000

贷:应收账款　　60000

③2012 年,收回已确认的坏账损失

借:银行存款　　10000

贷:坏账准备　　10000

④2012 年末,计提坏账准备

应计提坏账准备=5000000×1%-(40000-60000+10000)=60000(元)

借:资产减值损失　　60000

贷:坏账准备　　60000

【例 9】T 公司 2012 年初"坏账准备——应收账款"贷方余额为 30000 元,2012 年应收账款发生坏账损失 10000 元,收回已确认的坏账损失 20000 元,2012 年末应收账款余额为 1000000 元,T 公司预计应收账款坏账损失率为 1%。

T 公司应做如下相关会计处理:

①2012 年,发生坏账损失

借:坏账准备　　10000

贷:应收账款　　10000

②2012 年,收回已确认的坏账损失

借:银行存款　　20000

贷:坏账准备　　20000

③2012 年末,冲销坏账准备

应计提坏账准备=1000000×1%-(30000-10000+20000)=-30000(元)

借:坏账准备　　30000

贷:资产减值损失　　30000

第三讲　存货的核算

一、存货的概念

存货是指企业在日常活动中持有以备出售的产成品或商品、处在生产过程中的在产品、在生产过程中或提供劳务过程中耗用的材料或物料等,包括各类材料、商品、在产品、半成品、产成品以及包装物、低值易耗品、委托代销商品、委托加工物资等。

原材料是指企业在生产过程中经加工改变其形态或性质并构成产品主要实体的各种原料及主要材料、辅助材料、燃料、修理用备件、包装材料、外购半成品等。

在产品是指企业正在制造尚未完工的生产物，包括正在各个生产工序加工的产品和已加工完毕但尚未检验或已检验但尚未办理入库手续的产品。

半成品是指经过一定的生产过程并已检验合格交付半成品仓库保管，但尚未制造完工成为产成品,仍需进一步加工的中间产品。

产成品是指工业企业已经完成全部生产过程并已验收入库，可以按照合同规定的条件送交订货单位,或者可以作为商品对外销售的产品。

商品是指商品流通企业外购或委托加工完成验收入库用于销售的各种商品。

包装物是指为了包装本企业的商品而储备的各种包装容器,如桶、箱、瓶、坛、袋等。

低值易耗品是指不能作为固定资产核算的各种用具物品,如工具、管理用具、玻璃器皿、劳动保护用品,以及在经营过程中做周转用的容器等。其特点是单位价值较低,或使用期限相对于固定资产较短,在使用过程中保持其原有实物形态基本不变。

委托代销商品是指企业委托其他单位代销的商品。

委托加工物资是指企业委托外单位加工的各种材料、商品等物资。

需要注意的是,受托代销商品、受托加工物资不属于企业拥有或控制的资源,不应作为存货反映。

二、原材料

原材料的日常收发及结存,可以采用实际成本核算,也可以采用计划成本核算。原材料按实际成本计价核算时,材料的收发及结存,无论总分类核算还是明细分类核算,均按照实际成本计价。使用的会计科目有“原材料”“在途物资”等。在实际成本核算方式下,企业可以采用的发出材料的计价方法包括个别计价法、先进先出法、月末一次加权平均法和移动加权平均法等。

原材料采用计划成本核算时,材料的收发及结存,无论总分类核算还是明细分类核算,均按照计划成本计价。使用的会计科目有“原材料”“材料采购”“材料成本差异”等。“原材料”科目反映库存材料的计划成本,“材料采购” 科目反映购入材料的实际成本及形成的差异,“材料成本差异”科目反映购入材料形成的差异及发出材料应负担的差异。

(一)应设账户

1.“原材料”科目

本科目用于核算库存各种材料的收发与结存情况。在材料采用计划成本核算时,本科目的借方登记入库材料的计划成本,贷方登记发出材料的计划成本,期末余额在借方,反映企业库存材料的计划成本。该科目应按库存材料的种类设置数量金额式账明细科目,进行明细核算。

2.“材料采购”科目

本科目借方登记采购材料的实际成本及入库材料的节约差，贷方登记入库材料的计划成本及入库材料的超支差,期末余额在借方,反映企业在途材料的采购成本。该科目应根据核算需要按采购存货的类别设置明细账,进行明细核算。

3.“材料成本差异”科目

本科目反映企业已入库的各种材料的实际成本与计划成本的差异，借方登记入库材料的超支差及发出材料应负担的节约差，贷方登记入库材料的节约差及发出材料应负担的超支差。期末如为借方余额,反映企业库存材料应负担的超支差;如为贷方余额,反映企业库存材料应负担的节约差。该科目应根据核算需要按存货类别设置明细账,进行明细核算。

(二)计价

1.购入材料的计价

购入材料的实际成本=买价+运杂费+运输途中的合理损耗+入库前整理挑选费用等采购支出,

购入材料的计划成本=实际验收入库材料的数量×材料的计划单价,

购入材料的成本差异=购入材料的实际成本-购入材料的计划成本。

若购入材料的成本差异大于零,为超支差;若购入材料的成本差异小于零,为节约差。

2.发出材料的计价

发出材料的计划成本=发出材料的数量×材料的计划单价,

发出材料应负担的成本差异=发出材料的计划成本×材料成本差异率,

材料成本差异率=(期初结存材料的成本差异+本月购入材料的成本差异)÷(期初结存材料的计划成本+本月购入材料的计划成本)×100%,

发出材料的实际成本=发出材料的计划成本+发出材料应负担的成本差异,

月末结存材料的实际成本=结存材料的计划成本+结存材料应负担的成本差异。

需要说明的是,计算差异率时,超支差用“+”表示,节约差用“-”表示。差异率为正数,表示发出材料及月末结存材料应负担的差异为超支差;反之,差异率为负数,表示发出材料及月末结存材料应负担的差异为节约差。计算发出材料及月末结存材料的实际成本时,应以计划成本加应负担的超支差,或以计划成本减应负担的节约差。

【例 1】某公司为增值税一般纳税企业。2012 年 6 月初“原材料”科目余额为 60000 元,“材料成本差异——原材料” 科目借方余额为 1300 元。2012 年 6 月该公司购入原材料 500 千克,取得增值税专用发票,价款 90000 元,增值税 15300 元,另付运杂费 1400 元,其中运费

1000 元。实际验收入库 495 千克，短缺 5 千克为运输途中的合理损耗。该材料每千克计划单价为 185 元。本月发出原材料的计划成本为 98000 元。

本月购入材料的实际成本=90000+1400−1000×7%=91330(元)，

本月购入材料的计划成本=495×185=91575(元)，

本月购入材料的成本差异=91330−91575=−245(元)(节约差)，

本月材料成本差异率=(1300−245)÷(60000+91575)×100%=0.7%，

本月发出材料应负担的成本差异=98000×0.7%=686(元)(超支差)，

本月发出材料的实际成本=98000+686=98686(元)，

月末结存材料的实际成本=(60000+91575−98000)+(1300−245−686)=53944(元)。

【例 2】某公司 2012 年 7 月初“原材料”科目余额为 40000 元，“材料成本差异”科目贷方余额为 1500 元(节约差)。本月购入原材料的实际成本为 100000 元，计划成本为 103200 元。本月发出材料的计划成本为 120000 元。

本月购入材料的成本差异=100000−103200=−3200(元)(节约差)，

本月材料成本差异率=$\frac{-1500-3200}{40000+103200}$×100%=−3.36%，

本月发出材料应负担的成本差异=120000×(−3.28%)=−3396(元)(节约差)，

本月发出材料的实际成本=120000−3926=116064(元)，

月末结存材料的实际成本=(40000+103200−120000)+[−1500−3200−(−3936)]=23200−764=22436(元)。

(三)购入材料的核算

1.货款付清，同时收料。应同时反映购入材料的实际成本、计划成本及形成的成本差异，做如下会计处理：

借：材料采购(实际成本)

　　应缴税费——应缴增值税(进项税额)

　贷：银行存款

若购入材料形成超支差，应同时做如下会计处理：

借：原材料(计划成本)

　　材料成本差异(超支差)

　贷：材料采购(实际成本)

若购入材料形成节约差，应同时做如下会计处理：

借：原材料(计划成本)

　贷：材料采购(实际成本)

　　材料成本差异(节约差)

2.先付款，后收料。付款时，原材料尚未收到，只需反映购入材料的实际成本；待收到材料时，再反映计划成本及形成的差异。

3.先收料，后付款。实际工作中，可分为以下两种情形：

(1)收料时，发票账单已到，企业存款不足，无力付款。

收料时，做如下会计处理：

借:材料采购(实际成本)

应缴税费——应缴增值税(进项税额)

贷:应付账款或应付票据

借:原材料(计划成本)

材料成本差异(超支差)

贷:材料采购(实际成本)

或者:

借:原材料(计划成本)

贷:材料采购(实际成本)

材料成本差异(节约差)

付款时,做如下会计处理:

借:应付账款或应付票据

贷:银行存款

【例 3】N 公司为增值税一般纳税企业,2012 年 6 月 6 日购入材料,取得增值税专用发票,价款 40000 元,增值税 6800 元。材料已验收入库,款尚未支付。N 公司同日开出面值为 46800 元、期限为 30 天的商业承兑汇票。该批材料的计划成本为 41000 元。

N 公司应做如下相关会计处理:

①6 月 6 日,采购材料,开出商业承兑汇票

借:材料采购	40000	
应缴税费——应缴增值税(进项税额)	6800	
贷:应付票据		46800
借:原材料	41000	
贷:材料采购		40000
材料成本差异		1000

②7 月 6 日,汇票到期付款

借:应付票据	46800	
贷:银行存款		46800

(2)收料时,发票账单尚未收到,企业无法付款。

在这种情况下,发票账单未到无法确定实际成本,月中可不做账务处理,待收到发票账单时做相应账务处理;若月末仍未收到发票账单,为编制财务报表的需要,应按收到材料的计划成本暂估入账,下月初做相反会计分录予以冲回。

月末,按计划成本暂估入账,编制如下会计分录:

借:原材料

贷:应付账款

下月初冲回时,编制如下会计分录:

借:应付账款

贷:原材料

【例 4】N 公司为增值税小规模纳税企业,2012 年 6 月 20 日收到采购的原材料，未收到发票账单,该批材料的计划成本为 29000 元。2011 年 7 月 5 日收到该批采购材料的增值税专用发票,价款 24000 元,增值税 4080 元。当日 N 公司开出转账支票付款。

N 公司应做如下相关会计处理:

①6 月 20 日,收到材料时,只需登记验收入库材料的数量,不需做账务处理。

②6 月 30 日,仍未收到发票账单,应按计划成本暂估入账。

借:原材料　　29000

　贷:应付账款　　29000

③7 月 1 日,编制相反会计分录,予以冲回。

借:应付账款　　29000

　贷:原材料　　29000

④7 月 5 日,收到发票。

借:材料采购　　28080

　贷:银行存款　　28080

借:原材料　　29000

　贷:材料采购　　28080

　　材料成本差异　　920

4.预付款购料

(1)预付购料款

借:预付账款

　贷:银行存款

(2)收到采购材料的发票账单,材料验收入库

借:材料采购

　应缴税费——应缴增值税(进项税额)

　贷:预付账款

借:原材料

　材料成本差异(超支差)

　贷:材料采购

或者:

借:原材料

　贷:材料采购

　　材料成本差异(节约差)

(3)补付购料款

借:预付账款

　贷:银行存款

(4)收回预付款

借:银行存款

贷:预付账款

【例 5】N 公司为增值税一般纳税企业,2012 年 6 月 15 日预付购料款 60000 元。7 月 2 日收到材料,取得增值税专用发票,价款 100000 元,增值税 17000 元。7 月 4 日 N 公司补付余额。该批材料的计划成本为 99600 元。

N 公司应做如下相关会计处理:

①6 月 15 日,预付购料。

借:预付账款　　60000

　贷:银行存款　　60000

②7 月 2 日,收到材料。

借:材料采购　　100000

　应缴税费——应缴增值税(进项税额)　　17000

　贷:预付账款　　117000

借:原材料　　99600

　材料成本差异　　400

　贷:材料采购　　100000

③7 月 4 日,补付款。

借:预付账款　　57000

　贷:银行存款　　57000

(四)发出材料的核算

月末,企业根据领料单,编制"发料凭证汇总表",结转发出材料的计划成本及应负担的成本差异。

1.根据发出材料的用途,结转发出材料的计划成本

借:生产成本

　制造费用

　管理费用

　贷:原材料

2.根据发出材料的用途,结转发出材料应负担的成本差异

若发出材料应负担的成本差异为超支差,应编制如下会计分录:

借:生产成本

　制造费用

　管理费用

　贷:材料成本差异

若发出材料应负担的成本差异为节约差,应编制如下会计分录:

借:材料成本差异

　贷:生产成本

　　制造费用

　　管理费用

【例 6】甲公司 2012 年 5 月编制的“发料凭证汇总表”,见表 2-1(计划成本)。

表 2-1　发料凭证汇总表

2012 年 5 月　　单位:元

应贷账户 \ 应借账户		生产成本		制造费用		管理费用	合计
		A 产品	B 产品	一车间	二车间		
原材料	原料及主要材料	46000	6000				52000
	辅助材料	4000		3000	1000	2000	10000
	外购成品	20000	5000				25000
	燃料	5000	5000			600	10600
	合计	75000	16000	3000	1000	2600	97600

甲公司根据“发料凭证汇总表”,应做如下会计处理:

借:生产成本——基本生产成本——A 产品　75000
　　　　　——基本生产成本——B 产品　16000
　制造费用——一车间　3000
　　　　　——二车间　1000
　管理费用　2600
　贷:原材料　97600

若甲公司本月材料成本差异率为 1%,则结转发出材料应负担的成本差异应做如下会计处理:

借:生产成本——基本生产成本——A 产品　750
　　　　　——基本生产成本——B 产品　160
　制造费用——一车间　30
　　　　　——二车间　10
　管理费用　26
　贷:材料成本差异　976

若甲公司本月材料成本差异率为-1%,则结转发出材料应负担的成本差异应做如下会计处理:

借:材料成本差异　976
　贷:生产成本——基本生产成本——A 产品　750
　　　　　　——基本生产成本——B 产品　160
　制造费用——一车间　30
　　　　　——二车间　10
　管理费用　26

三、低值易耗品

低值易耗品是指不能作为固定资产核算的各种用具物品,包括一般工具、专用工具、替换设备、管理用具、劳动保护用品及其他工具等。

为了反映和监督低值易耗品的增减变化及其结存情况，企业应设置“周转材料——低值易耗品”科目，借方登记低值易耗品的增加，贷方登记低值易耗品的减少，期末余额在借方，反映企业期末结存低值易耗品的成本。

低值易耗品的核算方法与原材料相同，可以采用实际成本核算，也可采用计划成本核算。购入低值易耗品的业务处理与原材料也基本相同，现说明发出低值易耗品的处理方法。

发出低值易耗品的摊销方法有一次摊销法和五五摊销法。一次摊销法，是指在领用低值易耗品时，将其价值一次、全部计入有关资产成本或当期损益，主要适用于价值较低或极易损坏的低值易耗品的摊销。

发出低值易耗品时，根据其用途做如下会计处理：

借：制造费用

　　管理费用

　贷：周转材料——低值易耗品

若低值易耗品采用计划成本核算，发出低值易耗品时，还应结转发出低值易耗品应负担的成本差异，做如下会计处理：

借：制造费用

　　管理费用

　贷：材料成本差异——低值易耗品（超支差）

或者：

借：材料成本差异——低值易耗品（节约差）

　贷：制造费用

　　管理费用

【例 7】甲公司为增值税一般纳税企业，低值易耗品采用计划成本核算，发出低值易耗品采用一次摊销法。2012 年 5 月购入低值易耗品，取得增值税专用发票，价款 60000 元，增值税 10200 元。款已付，低值易耗品已验收入库。该批低值易耗品的计划成本为 59500 元。2012 年 5 月经汇总，本月发出低值易耗品的计划成本为 32000 元，其中生产车间领用 28000 元，行政管理部门领用 4000 元。本月低值易耗品的成本差异率为 2%。

①购入低值易耗品

借：材料采购——低值易耗品	60000	
应缴税费——应缴增值税（进项税额）	10200	
贷：银行存款		70200
借：周转材料——低值易耗品	59500	
材料成本差异——低值易耗品	500	
贷：材料采购——低值易耗品		60000

②结转发出低值易耗品的计划成本

借：制造费用	28000	
管理费用	4000	

贷:周转材料——低值易耗品　　　　　　　32000

③结转发出低值易耗品的成本差异

借:制造费用　　　　　　560

　管理费用　　　　　　80

　贷:材料成本差异　　　　　640

四、包装物

包装物是指为了包装本企业商品而储备的各种包装容器,如桶、箱、瓶、坛、袋等。其核算内容包括:

(1)生产过程中用于包装产品作为产品组成部分的包装物;

(2)随同产品出售而不单独计价的包装物;

(3)随同产品出售而单独计价的包装物;

(4)出租或出借给购买单位使用的包装物。

为了反映和监督包装物的增减变化情况,企业应设置“周转材料——包装物”科目。借方登记包装物的增加,贷方登记包装物的减少,期末余额在借方,反映期末结存包装物的成本。

包装物的核算方法与原材料相同,可以采用实际成本核算,也可采用计划成本核算。购入包装物的核算方法与原材料基本相同,现说明发出包装物的核算。对于生产领用的包装物成本,应计入“生产成本”科目;对于随产品出售而不单独计价的包装物成本,应计入“销售费用”科目;对于随产品出售而单独计价的包装物成本,应计入“其他业务成本”科目,相应的出售收入应计入“其他业务收入”科目;对于出借的包装物成本,应计入“销售费用”;对于出租的包装物成本,应计入“其他业务成本”,相应的租金收入应计入“其他业务收入”。

结转发出包装物的实际成本或计划成本,应做如下会计处理:

借:生产成本

　销售费用

　其他业务成本

　贷:周转材料——包装物

若包装物采用计划成本核算,应同时结转发出包装物应负担的成本差异,做如下会计处理:

借:生产成本

　销售费用

　其他业务成本

　贷:材料成本差异——包装物(超支差)

或者:

借:材料成本差异——包装物(节约差)

　贷:生产成本

　　销售费用

　　其他业务成本

【例8】甲公司为增值税一般纳税企业,包装物采用计划成本核算。2012年5月购入包装物,取得增值税专用发票,价款50000元,增值税8500元,款尚未支付,包装物已验收入库。该批包装物的计划成本为51400元。2012年5月发出包装物的计划成本为21000元,其中生产领用包装物的计划成本为4500元,随产品出售不单独计价包装物计划成本为16500元。本月包装物的成本差异率为-2%。

①购入包装物

借:材料采购——包装物　　50000

　应缴税费——应缴增值税(进项税额)　　8500

　贷:应付账款　　58500

借:周转材料——包装物　　51400

　贷:材料采购——包装物　　50000

　　材料成本差异——包装物　　1400

②结转发出包装物的计划成本

借:生产成本　　4500

　销售费用　　16500

　贷:周转材料——包装物　　21000

③结转发出包装物的成本差异

借:材料成本差异——包装物　　420

　贷:生产成本　　90

　　销售费用　　330

五、委托加工物资

委托加工物资是指企业委托外单位加工的各种材料、商品等物资。

企业委托外单位加工物资的成本包括加工中实际耗用物资的成本、支付的加工费及运杂费等。若委托加工企业为增值税一般纳税企业,并取得受托加工方开出的增值税专用发票,则委托加工企业支付的增值税,可予以抵扣,不计入委托加工物资成本;不予以抵扣的增值税,应计入委托加工物资的成本。若委托加工的物资为应税消费品,按税法的规定,消费税由受托方代扣代缴。委托加工企业收回的应税消费品,如果继续用于生产新的应税消费品,则委托加工企业支付的消费税可予以抵扣,不计入委托加工物资成本,计入"应缴税费——应缴消费税"科目的借方;如果不是继续用于生产应税消费品,支付的消费税应计入委托加工物资的成本。

需要说明的是,委托加工企业支付的运费,根据运费结算单据,按7%计算可予以抵扣的增值税。

为了反映和监督委托加工物资增减变动情况,企业应设置"委托加工物资"科目,借方登记委托加工物资的实际成本,贷方登记加工完成验收入库的物资的实际成本和剩余物资的实际成本,期末余额在借方,反映企业尚未完工的委托加工物资的实际成本。该科目应按委托加工物资的种类及受托单位开设明细账,进行明细核算。

1.发出材料,用于委托加工物资

借:委托加工物资

贷:原材料

若发出材料采用计划成本核算,还应同时结转发出材料应负担的成本差异。

借:委托加工物资

贷:材料成本差异(超支差)

或者:

借:材料成本差异(节约差)

贷:委托加工物资

2.支付运杂费(若运费可按7%扣税)

借:委托加工物资

应缴税费——应缴增值税(进项税额)

贷:银行存款或库存现金

3.支付加工费、增值税及消费税(若增值税、消费税均可扣税)

借:委托加工物资

应缴税费——应缴增值税(进项税额)

应缴税费——应缴消费税

贷:银行存款

4.加工完成,验收入库

借:原材料(库存商品、低值易耗品、包装物等)

贷:委托加工物资

需要说明的是,收回的原材料等物资按计划成本核算,还应反映收回原材料等物资的成本差异。

【例9】甲公司为增值税一般纳税企业,2012年5月发出烟叶,委托乙公司加工烟丝。甲公司发出烟叶的计划成本为46000元,成本差异率为-3%。甲公司支付往返运杂费3200元,其中运费2500元,现金支付。甲公司取得乙公司开出的增值税专用发票,加工费10000元,增值税1700元。由乙公司代扣代缴的烟丝消费税为23408元,甲公司已通过银行支付加工费及增值税、消费税。甲公司收回烟丝用于生产卷烟(应税消费品)。该批烟丝的计划成本为54000元。2012年5月甲公司出售卷烟50箱,开出增值税专用发票,价款900000元,增值税153000元,款已收。卷烟的消费税税率为:定额税率为每箱150元,比例税率为45%。

甲公司相关会计处理如下:

①发出烟叶

借:委托加工物资——烟丝(乙公司) 44620

材料成本差异 1380

贷:原材料——烟叶 46000

②支付往返运杂费

借:委托加工物资——烟丝(乙公司) 3025

应缴税费——应缴增值税(进项税额) 175

贷:库存现金 3200

③支付加工费、增值税及消费税

借:委托加工物资——烟丝(乙公司) 10000

应缴税费——应缴增值税(进项税额) 1700

应缴税费——应缴消费税 23408

贷:银行存款 35108

④收回烟丝,验收入库

借:原材料——烟丝 54000

材料成本差异 3645

贷:委托加工物资——烟丝(乙公司) 57645

⑤销售卷烟,确认收入

借:银行存款 1053000

贷:主营业务收入 900000

应缴税费——应缴增值税(销项税额) 153000

⑥结转已销卷烟的消费税

应缴消费税=50×150+900000×45%=412500(元)

借:营业税金及附加

贷:应缴税费——消费税

⑦缴纳消费税

实际应缴消费税=412500-23408=389092(元)

借:应缴税费——应缴消费税 389092

贷:银行存款 389092

【例 10】丙公司为增值税一般纳税企业,2012 年 5 月发出木料,委托丁公司加工一次性木筷子。丙公司发出木料的实际成本为 6500 元。丁公司开出的增值税专用发票上注明,加工费 2000 元,增值税 340 元。丁公司代扣代徼消费税 448 元。款尚未支付。丙公司收回一次性木筷子直接用于出售。

丙公司相关会计处理如下:

①发出木料

借:委托加工物资 6500

贷:原材料 6500

②结算加工费、增值税及消费税

借:委托加工物资 2448

应缴税费——应缴增值税(进项税额) 340

贷:应付账款 2788

③收回一次性木筷子,验收入库

借:库存商品 8948

贷:委托加工物资 8948

(消费税为生产、委托加工和进口应税消费品的单位和个人缴纳的流转税之一,除特殊应税消费品外,销售环节不缴纳消费税。)

六、库存商品

库存商品是指企业已完成全部生产过程并已验收入库、合乎标准规格和技术条件,可以按照合同规定的条件送交订货单位,或可以作为商品对外销售的产品以及外购或委托加工完成验收入库用于销售的各种商品。

为了反映和监督库存商品的增减变化,企业应设置"库存商品"科目,借方登记验收入库的库存商品成本,贷方登记发出的库存商品的成本,期末余额在借方,反映各种库存商品的实际成本。该科目应按库存商品的品种设置明细账,进行明细核算。

(一)工业企业库存商品的核算

1.验收入库

借:库存商品

　贷:生产成本

2.销售商品

借:主营业务成本

　贷:库存商品

(二)商业企业库存商品的核算

商业企业的库存商品可以采用进价法核算,也可以采用售价法核算。采用进价法核算时,采购商品的核算与工业企业采购原材料的核算基本相同,销售商品的核算与工业企业销售商品的核算也基本相同。

售价法是指库存商品账户的总账与明细账均按售价登记,购进商品的进价与售价的差通过"商品进销差价"科目核算。月末,应分摊已销商品的进销差价,将已销商品的销售成本调整为实际成本。

"商品进销差价"科目用于核算采用售价法进行日常核算的商品售价与进价的差额。贷方核算购入商品形成的进销差价,借方核算已销商品应负担的进销差价,期末贷方余额表示期末结存商品应负担的进销差价。该科目可按商品类别或实物管理负责人进行明细核算。

1.购入商品

购入商品的实际成本=买价+运杂费+运输途中的合理损耗+入库前的整理挑选费用等采购支出

商品进销差价=购入商品的售价-购入商品的实际成本

借:库存商品(售价)

　应缴税费——应缴增值税(进项税额)

　贷:银行存款(实际支付价款)

　　商品进销差价(进销差价)

需要注意的是,商品流通企业在采购商品过程中发生的运输费、装卸费、保险费、合理损耗等其他可归属于存货采购成本的费用,统称为进货费用。进货费用可直接分配计入存贷采购成本中;也可以先进行归集,期末再根据所购存货的存销情况进行分摊。对于已售商品的进货费用,直接计入当期损益(主营业务成本)中,对于未售商品的进货费用,计入期末存货的成本中。若进货费用金额较小,也可以直接计入当期损益(销售费用)中。

【例 11】甲公司为一大型超市,为增值税一般纳税企业,2007 年 6 月购入商品,取得增值税专用发票,价款 300000 元,增值税 51000 元。甲公司另付运杂费 12000 元,其中运费 10000 元。该批商品的售价为 520000 元。商品已验收入库,款已付。

购入商品的实际成本=300000+12000-10000×7%=311300(元),

购入商品的进销差价=520000-311300=208700(元)。

借:库存商品　　520000

　应缴税费——应缴增值税(进项税额)　　51700

　贷:银行存款　　363000

　　商品进销差价　　208700

2.销售商品

商品进销差价率=(期初库存商品进销差价+本期购入商品的进销差价)÷(期初库存商品的售价+本期购入商品售价)×100%,

本期销售商品应分摊的进销差价=本期商品销售收入×商品进销差价率,

本期销售商品的成本=本期商品销售收入-本期已销商品应分摊的进销差价,

期末结存商品的成本=期末结库商品的售价-期末结存商品应分摊的进销差价。

借:主营业务成本(已销商品的成本)

　商品进销差价 (已销商品应分摊的进销差价)

　贷:库存商品 (已销商品售价)

【例 12】某商场 2012 年 7 月初“库存商品”科目余额为 1000000 元,“商品进销差价”科目余额为 100000 元。该商场 2012 年 7 月购入商品,取得增值税专用发票,价款 1200000 元,增值税 204000 元,款已付。该批商品的售价为 1400000 元。该商场 2012 年 7 月取得商品含税销售收入 1755000 元,款已收。该商场为增值税一般纳税企业。

①购入商品

借:库存商品　　1400000

　应缴税费——应缴增值税(进项税额)　　204000

　贷:银行存款　　1404000

　　商品进销差价　　200000

②确认商品销售收入

不含税销售收入=$\frac{1755000}{1+17\%}$=1500000(元),

增值税销项税额=1500000×17%=255000(元)。

借:银行存款　　1755000

　贷:主营业务收入　　1500000

　　应缴税费——应缴增值税(销项税额)　　255000

③结转已销商品的成本

商品进销差价率=$\frac{100000+200000}{1000000+1400000}\times100\%=12.5\%$，

本月已销商品应分摊的进销差价=1500000×12.5%=187500(元)，

本月已销商品的成本=1500000-187500=1312500(元)，

月末结存商品的成本=(1000000+1400000-1500000)-(100000+200000-187500)

=787500(元)。

借:主营业务成本 1312500

商品进销差价 187500

贷:库存商品 1500000

七、存货清查

存货清查是指通过对存货的实地盘点，确定存货的实有数量，并与账面结存数量核对，从而确定存货实存数与账面结存数是否相符的一种专用方法。对于盘点出的存货盘盈盘亏，应填写存货盘点报告，及时查明原因，按照规定程序报批处理。

为了反映企业在财产清查中查明的各种存货的盘盈、盘亏和毁损情况，企业应设置“待处理财产损溢”科目，借方登记存货的盘亏金额、毁损金额及盘盈的转销金额，贷方登记存货的盘盈金额及盘亏的转销金额。企业清查的各种存货损益，应在期末结账前处理完毕，期末处理后，本科目应无余额。

(一)存货盘盈的核算

1.发现存货盘盈，应按盘盈存货的现值，反映存货增加。

借:原材料(或库存商品等)

贷:待处理财产损溢

2.报经批准后，按财务制度规定，存货盘盈应做冲减管理费用处理。

借:待处理财产损溢

贷:管理费用

【例13】甲公司在财产清查中盘盈K材料1000千克，K材料市场价为每千克60元，经查属于收发计量方面的错误。

甲公司应做如下会计处理:

①批准处理前

借:原材料 60000

贷:待处理财产损溢 60000

②批准处理后

借:待处理财产损溢 60000

贷:管理费用 60000

(二)存货盘亏及毁损的核算

1.发现存货盘亏及毁损，应按盘亏及毁损存货的实际成本，反映存货的减少。

借:待处理财产损溢

　贷:原材料(或库存商品等)

需要说明的是,若盘亏及毁损的原因为自然灾害造成的非常损失,还应结转不可抵扣的增值税。

借:待处理财产损溢

　贷:应缴税费——应缴增值税(进项税额转出)

2.报经批准后,按财务制度规定做如下处理:对于入库的残料价值,记入“原材料”科目;对于应由保险公司和过失人的赔款,记入“其他应收款”科目;扣除残料价值和应由保险公司、过失人赔款后的净损失,属于一般经营损失的部分,记入“管理费用”,属于非常损失的部分,记入“营业外支出”。

借:原材料

　其他应收款

　管理费用或营业外支出

　贷:待处理财产损溢

【例 14】甲公司在财产清查中,发现盘亏 B 材料 50 千克,实际单位成本 20 元,经查属于一般经营损失。

①批准处理前

借:待处理财产损溢　　1000

　贷:原材料——B 材料　　1000

②批准处理后

借:待处理财产损溢　　1000

　贷:管理费用　　1000

【例 15】甲公司在财产清查中发现毁损 M 材料 300 千克,实际单位成本 100 元,经查属于材料保管员的过失造成的,按规定由其个人赔偿 20000 元,残料已办理入库手续,价值 2000 元。

①批准处理前

借:待处理财产损溢　　30000

　贷:原材料——M 材料　　30000

②批准处理后

借:原材料　　2000

　其他应收款　　20000

　管理费用　　8000

　贷:待处理财产损溢　　30000

【例 16】甲公司因台风造成 D 材料毁损,实际成本 70000 元,保险公司同意赔偿 50000 元损失,盘亏 D 材料不可抵扣的增值税为 11900 元。

甲公司应做如下会计处理:

①批准处理前

借：待处理财产损溢　　81900

　贷：原材料——D材料　　70000

　　应缴税费——应缴增值税(进项税额转出)　　11900

②批准处理后

借：其他应收款——保险公司　　50000

　营业外支出　　31900

　贷：待处理财产损溢　　81900

第四讲　固定资产和无形资产的核算

一、固定资产

(一)固定资产的概念和特征

作为企业的固定资产,应具备以下两个特征:

(1)企业持有固定资产的目的,是为了生产商品、提供劳务、出租或经营管理的需要,而不像商品一样为了对外出售。

(2)企业使用固定资产的期限较长,使用寿命一般超过一个会计年度。

(二)固定资产的分类

实际工作中,企业大多数采用综合分类的方法作为编制固定资产目录,进行固定资产核算的依据。按固定资产的经济用途和使用情况等综合分类,可把企业的固定资产划分为七大类:

(1)生产经营用固定资产,指直接服务于企业生产、经营过程的各种固定资产。

(2)非生产经营用固定资产,指不直接服务于生产、经营过程的各种固定资产,如职工宿舍等使用的房屋、设备和其他固定资产等。

(3)租出固定资产,指在经营租赁方式下出租给外单位使用的固定资产。

(4)不需用固定资产。

(5)未使用固定资产。

(6)土地,指过去已经估价单独入账的土地。企业取得的土地使用权,应作为无形资产管理,不作为固定资产管理。

(7)融资租入固定资产,指企业以融资租赁方式租入的固定资产,在租赁期内,应视同自有固定资产进行管理。

(三)固定资产折旧

1.固定资产折旧概述

企业应当在固定资产的使用寿命内,按照确定的方法对应计折旧额进行系统分摊,根据固定资产的性质和使用情况,合理确定固定资产的使用寿命和预计净残值。固定资产的使用寿命、预计净残值一经确定，不得随意变更。

除以下情况外，企业应当对所有固定资产计提折旧：

(1)已提足折旧仍继续使用的固定资产。

(2)单独计价入账的土地。

在确定计提折旧的范围时，还应注意以下几点：

(1)固定资产应当按月计提折旧，当月增加的固定资产，当月不计提折旧，从下月起计提折旧；当月减少的固定资产，当月仍计提折旧，从下月起不计提折旧。

(2)固定资产提足折旧后，不论能否继续使用，均不再计提折旧；提前报废的固定资产，也不得补提折旧。

(3)已达到预定可使用状态但尚未办理竣工决算的固定资产，应当按照估计价值确定其成本，并计提折旧；待办理竣工决算后，再按实际成本调整原来的暂估价值，但不需要调整原已计提的折旧额。

2.固定资产的折旧方法

企业应当根据与固定资产有关的经济利益的预期实现方式，合理选择固定资产折旧方法。可选用的折旧方法包括年限平均法、工作量法、双倍余额递减法和年数总和法等。双倍余额递减法与年数总和法，因年折旧额逐年减少，统称为加速折旧法。

(1)双倍余额递减法

双倍余额递减法是指在不考虑固定资产预计净残值的情况下，根据每期期初固定资产原价减去累计折旧后的余额和双倍的直线法折旧率计算固定资产折旧的一种方法。采用双倍余额递减法计提固定资产折旧，一般应在固定资产使用寿命到期前两年内，将固定资产账面净值扣除预计净残值后的净值平均摊销。

年折旧率=2÷预计使用年限×100%，

年折旧额=年初固定资产账面净值×年折旧率，

月折旧额=年折旧额÷12。

【例 1】某企业 2009 年 4 月购入一项不需安装的固定资产，交付基本生产车间使用，原价为 20000 元，预计使用年限为 5 年，预计净残值为 200 元。采用双倍余额递减法计提折旧，每年的折旧额计算如表 2-2：

表 2-2 折旧计算表

序号	折旧年度	年折旧额/元	月折旧额/元
1	2009-05—2010-04	20000×40%=8000	8000÷12=667
2	2010-05—2011-04	12000×40%=4800	4800÷12=400
3	2011-05—2012-04	7200×40%=2880	2880÷12=240
4	2012-05—2013-04	(4320-200)÷2=2060	2060÷12=172
5	2013-04—2014-04	(4320-200)÷2=2060	2060÷12=172
小计		19800	

该固定资产 2012 年度折旧额=240×4+172×8=2336(元)。

该企业2012年3月计提该固定资产折旧,应编制如下会计分录:

借:制造费用　　　　　　　　　240

　贷:累计折旧　　　　　　　　　240

(2)年数总和法

年数总和法又称年限合计法,是指将固定资产的原价减去预计净残值后的余额,乘以一个逐年递减的分数计算每年折旧额,这个分数的分子代表固定资产尚可使用寿命,分母代表预计使用寿命逐年数字总和。

$$某年折旧率=\frac{尚可使用年限}{尚可使用年限总和},$$

$$尚可使用年限总和=\frac{预计使用年限\times(预计使用年限+1)}{2},$$

某年折旧额=(原价-预计净残值)×该年折旧率,

某月折旧额=某年折旧额÷12。

【例2】上例固定资产采用年数总和法计提折旧,每年的折旧额计算如下:

$$年折旧率分母=\frac{5\times(5+1)}{2}=15,$$

表2-3　折旧计算表

序号	折旧年度	年折旧额/元	月折旧额/元
1	2009-05—2010-04	(20000-200)×5/15=6600	6600÷12=550
2	2010-05—2011-04	(20000-200)×4/15=5280	5280÷12=440
3	2011-05—2012-04	(20000-200)×3/15=3960	3960÷12=330
4	2012-05—2013-04	(20000-200)×2/15=2640	2640÷12=220
5	2013-04—2014-04	(20000-200)×1/15=1320	1320÷12=110
小计		19800	

该固定资产2012年度折旧额=330×4+220×8=3080(元)。

该企业2012年6月计提折旧该固定资产折旧,应编制如下会计分录:

借:制造费用　　　　　　　220

　贷:累计折旧　　　　　　　220

需要说明的是,采用双倍余额递减法年数总和法计提折旧时,年折旧额是指固定资产一个使用年限的折旧额,而不是一个会计年度的折旧额。随着年折旧率的递减,年折旧额逐年递减,但每一折旧年度各月折旧额则平均分摊。

(四)固定资产的后续支出

固定资产的后续支出是指固定资产在使用过程中发生的更新改造支出、修理费用等。

固定资产的更新改造等后续支出,满足固定资产确认条件的,应当计入固定资产成本,予以资本化;不满足固定资产确认条件的固定资产修理费用等后续支出,应当在发生时计入当期损益,予以费用化。

企业发生的固定资产修理费用,应计入管理费用。按增值税暂行条例规定,一般纳税企业接受修理劳务,取得增值税专用发票时,增值税可予以扣除。

支付修理费,做如下会计处理(增值税可予以抵扣):

借:管理费用

应缴税费——应缴增值税(进项税额)

贷:银行存款或原材料等

【例 3】乙公司为增值税一般纳税企业,2012 年 8 月,乙公司对其一台生产用设备进行修理,取得修理厂开具的增值税专用发票,发票上注明,修理费 3000 元,增值税 510 元,款已付。

乙公司应做如下会计处理:

借:管理费用 3000

应缴税费——应缴增值税(销项税额) 510

贷:银行存款 3510

二、无形资产

(一)无形资产的特征

作为无形资产应具备以下三个特征:

(1)不具有实物形态。无形资产不像固定资产、存货等有形资产具有实际形态。

(2)具有可辨认性。无形资产像固定资产、存货一样可单独用于出售、转让、租赁等。

(3)属于长期资产。无形资产能够在多个会计期间为企业带来经济利益,其价值将在各个受益期间逐渐摊销。

无形资产主要包括专利权、非专利技术、商标权、土地使用权等。

(二)无形资产的核算

为了核算无形资产的取得、摊销和处置等情况,企业应设置“无形资产”“累计摊销”等科目。

“无形资产”科目核算企业持有的无形资产成本,借方登记取得无形资产的成本,贷方登记出售无形资产的成本,期末借方余额,反映企业持有无形资产的成本。本科目应按无形资产种类设置明细账,进行明细核算。

“累计摊销”科目核算企业对使用寿命有限的无形资产计提的累计摊销,贷方登记企业计提的无形资产摊销,借方登记处置无形资产转出的累计摊销,期末贷方余额,反映企业无形资产的累计摊销额。

无形资产的账面价值=“无形资产”科目期末借方余额-“累计摊销”科目期末贷方余额。

1.外购无形资产

外购无形资产的成本包括购买价款、相关税费以及直接归属于使该项资产达到预定用途所发生的其他支出。

借:无形资产

贷:银行存款

【例 4】甲公司 2012 年 6 月购入一项专利权,支付的买价和有关费用合计 900000 元,以银行存款支付。甲公司应做如下会计处理:

借:无形资产——专利权　　900000

　贷:银行存款　　900000

2.无形资产的摊销

企业应当于取得无形资产时分析判断其使用寿命。使用寿命有限的无形资产应进行摊销。使用寿命不确定的无形资产不应摊销。使用寿命有限的无形资产,其残值应视为零。对于使用寿命有限的无形资产应当自可供使用(达到预定用途)当月起开始摊销,处置当月不再摊销。

无形资产摊销方法包括直线法、生产总量法等。企业应根据与无形资产有关的经济利益的预期实现方式,选择无形资产的摊销方法。无法可靠确定预期实现方式的,应当采用直线法摊销。

企业应当按月对无形资产进行摊销。无形资产的摊销额一般应计入当期损益,企业自用的无形资产,其摊销额计入管理费用;出租的无形资产,其摊销额计入其他业务成本。

借:管理费用或其他业务成本

　贷:累计摊销

【例 5】接上例,若甲公司确定该专利权预计受益年限为 10 年,采用直线法摊销。

年摊销额=900000÷10=90000(元),

月摊销额=90000÷12=7500(元)。

甲公司应自 2012 年 6 月开始对该专利权进行摊销,应做如下会计处理:

借:管理费用　　7500

　贷:累计摊销　　7500

3.无形资产的出售

企业出售无形资产,应当将取得的价款扣除该无形资产账面价值以及出售相关税费后的差额,计算出售无形资产的净损益。净损失计入营业外支出,净收益计入营业外收入。按税法的规定,企业出售无形资产应按售价的 5%计算应缴营业税。

出售无形资产的净损益=售价-出售时无形资产的账面价值-应缴营业税。

借:银行存款

　累计摊销

　贷:无形资产

　　应缴税费——应缴营业税

　　营业外收入(出售净收益)

或者:

借:银行存款

　累计摊销

　营业外支出(出售净损失)

　贷:无形资产

应缴税费——应缴营业税

【例6】接上例，若甲公司2013年9月因转产，该专利权不再使用，予以出售，售价650000元。

出售时该专利权账面价值=900000-7500×15=787500(元)，

应缴营业税=650000×5%=32500(元)，

出售净损失=650000-787500-32500=-170000(元)。

甲公司出售该专利权应做如下会计处理：

借:银行存款　　650000

　累计摊销　　112500

　营业外支出　　170000

　贷:无形资产　　900000

　应缴税费——应缴营业税　　32500

第五讲　负债和所有者权益的核算

一、负债

负债是指企业过去的交易或者事项形成的、预期会导致经济利益流出企业的现时义务。

负债按流动性分类,可分为流动负债和非流动负债。流动负债是指预计在一个正常营业周期中清偿或者自资产负债表日起一年内(含一年)到期应予以清偿的负债。流动负债主要包括短期借款、应付票据、应付账款、预收账款、应付职工薪酬、应缴税费、应付利息、应付股利、其他应付款等。非流动负债是指流动负债以外的负债,主要包括长期借款、应付债券等。

(一)应付票据

应付票据是指企业购买材料、商品和接受劳务供应等而开出、承兑的商业汇票,包括商业承兑汇票和银行承兑汇票。企业申请使用银行承兑汇票时,应向其承兑银行按票面金额的万分之五缴纳手续费。

企业应设置"应付票据"科目,核算应付票据的发生、偿付等情况。该科目贷方登记开出、承兑汇票的面值,借方登记支付票据的面值,期末贷方余额,反映企业尚未到期的商业汇票的面值。该科目应按应付单位设置明细科目,进行明细核算。企业还应设置"应付票据备查簿",详细登记商业汇票的种类、号数和出票日期、到期日、票面金额、交易合同和收款人姓名或单位名称以及付款日期和金额等资料。应付票据到期结清时,应当在备查簿内予以注销。

1.采购材料,开出、承兑商业汇票

借:原材料

　应缴税费——应缴增值税(进项税额)

　贷:应付票据(面值)

2.开出承兑商业汇票,抵前欠货款

借:应付账款

  贷:应付票据

3.支付银行承兑汇票手续费

借:财务费用

  贷:银行存款

4.商业汇票到期付款

借:应付票据

  贷:银行存款

【例1】甲公司为增值税一般纳税企业,2012年4月5日采购原材料,取得增值税专用发票,价款60000元,增值税10200元,原材料尚未收到,款未付。4月11日收到原材料,验收入库,该批材料的计划成本为61300元。4月20日甲公司开出、承兑的银行承兑汇票,面值70200元,期限为50天。甲公司原材料采用计划成本核算。

甲公司应做如下相关会计处理:

①4月5日采购原材料,收到发票账单,款未付

借:材料采购	60000	
应缴税费——应缴增值税(进项税额)	10200	
贷:应付账款		70200

②4月11日收到材料,验收入库

借:原材料	61300	
贷:材料采购		60000
材料成本差异		1300

③4月20日开出、承兑商业汇票,并支付银行承兑手续费

借:应付账款	70200	
贷:应付票据		70200
借:财务费用	35.1	
贷:银行存款		35.1

④6月9日汇票到期付款

借:应付票据	70200	
贷:银行存款		70200

(二)预收账款

预收账款是指企业按照合同规定向购货单位预收的款项。

企业应设置"预收账款"科目,核算预收账款的取得、偿付等情况。该科目贷方登记收到的预收账款的金额和补收的金额,借方登记销货应收的金额和退回的预收账款金额。期末余额一般在贷方,反映企业已预收但尚未发货的金额;如为借方余额,反映企业应收未收的金额。该科目应按购货单位设置明细科目进行明细核算。预收款项不多的企业,可以不设置"预收账款"科目,发生预收款业务时,直接通过"应收账款"科目核算。

1.收到预收款

借:银行存款

　贷:预收账款(或应收账款)

2.向购货方发货,确认销售

借:预收账款(或应收账款)

　贷:主营业务收入

　　应缴税费——应缴增值税(销项税额)

借:主营业务成本

　贷:库存商品

3.收到购货方补付的余款

借:银行存款

　贷:预收账款(或应收账款)

4.退回多收的预收款

借:预收账款(或应收账款)

　贷:银行存款

【例 2】乙公司为增值税一般纳税企业,2012 年 5 月 12 日收到购货方预付的购货款 40000 元。5 月 18 日乙公司向购货方发货, 开出增值税专用发票, 价款 90000 元, 增值税 15300 元,该批产品成本为 76000 元。以现金支付运杂费 1400 元,其中运费 1200 元。5 月 26 日,收到购货方补付的购货款。

乙公司应做如下相关会计处理:

①5 月 12 日收到预收款

借:银行存款	40000	
贷:预收账款		40000

②5 月 18 日发货确认销售,支付运杂费

借:预收账款	105300	
贷:主营业务收入		90000
应缴税费——应缴增值税(销项税额)		15300
借:主营业务成本	76000	
贷:库存商品		76000
借:销售费用	1316	
应缴税费——应缴增值税(进项税额)	84	
贷:库存现金		1400

③5 月 26 日收到补付款

借:银行存款	65300	
贷:预收账款		65300

(三)应付职工薪酬

职工薪酬,是指企业为获得职工提供的服务而给予各种形式的报酬以及其他相关支出,

包括职工在职期间和离职后提供给职工的全部货币性薪酬和非货币性福利。具体包括职工工资、奖金、津贴和补贴，职工福利费，社会保险费，住房公积金，工会经费和职工教育经费，非货币性福利等。

1.职工工资、奖金、津贴和补贴，是指按照国家统计局的规定构成工资总额的计时工资、计件工资、支付给职工超额劳动报酬和增收节支的劳动报酬、为了补偿职工特殊或额外劳动消耗和因其他特殊原因支付给职工的津贴，以及为了保证职工工资水平不受物价影响支付给职工的物价补贴等。

企业按规定支付给职工的加班加点工资，以及根据国家法律、法规和政策规定，企业在职工因病、工伤、事假、定期休假等特殊情况下，按照计时工资或计件工资标准的一定比例支付的工资，也属于职工工资范畴。

2.职工福利费，是指企业为职工提供的福利，如为补助职工食堂、生活困难等从成本费用中提取的金额。国家没有明确规定职工福利费计提基础和计提比例，企业应当根据历史经验数据和实际情况，合理预计当期应付职工的福利费。当期实际发生金额大于预计金额的，应当补提职工福利费；当期实际发生额小于预计金额的，应当冲回多提的职工福利费。

【例 3】丙公司开设一所职工食堂，每月根据在岗职工数量及岗位分布情况、相关历史经验数据等计算需要补贴食堂的金额，从而确定企业每期因职工食堂而需要计提的职工福利费金额。2007 年 11 月，企业在岗职工共计 100 人，其中管理部门 20 人，生产车间 80 人。企业规定每个职工每月需补贴食堂 120 元。

丙企业本月应提职工福利费=100×120=12000（元），

其中应计入生产成本的金额=80×120=9600（元），

应计入管理费用的金额=20×120=2400（元）。

丙公司应做如下相关会计分录：

①计提职工福利费

借：生产成本　　　　　　　　　　　9600

　　管理费用　　　　　　　　　　　2400

　贷：应付职工薪酬——职工福利费　　　　12000

②支付职工福利费

借：应付职工薪酬——职工福利费　　12000

　贷：银行存款　　　　　　　　　　　　　12000

3.社会保险费，是指企业按照国家规定的基准和比例计算、向社会保险经办机构缴纳的医疗保险金、养老保险金、失业保险金、工伤保险费和生育保险费。

企业为职工缴纳的各项社会保险费，既包括企业为职工代缴的部分，也包括企业按比例计提为职工缴纳的部分。企业为职工代缴的社会保险费，指企业每月按职工工资基数的一定比例（目前养老保险金为 8%，医疗保险金为 2%，失业保险金为 1%）从工资中扣除，代职工缴纳给社会保险经办机构。企业为职工缴纳的社会保险费，是指企业根据实际情况确定为职工缴纳的各项社会保险费的计提比例，计入相关成本费用中，缴纳给社会保险经办机构。

【例 4】丙公司 2012 年 11 月在岗职工共计 100 人，其中管理部门 20 人，生产车间 80

人。本月在岗职工的工资基数为84000元，其中生产车间工人的工资基数为60000元，管理部门人员的工资基数为24000元。丙公司按工资基数的10%、5%和2%为职工缴纳养老保险金、医疗保险金及失业保险金；并按工资基数的8%、2%和1%为职工代扣代缴养老保险金、医疗保险金及失业保险金。

丙公司本月应计提的三项社会保险费=84000×(10%+5%+2%)=14280(元)，

其中应计入生产成本金额=60000×(10%+5%+2%)=10200(元)，

应计入管理费用金额=24000×(10%+5%+2%)=4080(元)，

丙公司本月应代扣代缴三项社会保险费=84000×(8%+2%+1%)=9240(元)。

计提三项社会保险费应做如下会计处理：

借：生产成本　　10200

　　管理费用　　4080

　贷：应付职工薪酬——社会保险金　　14280

结转代扣代缴的三项社会保险费应做如下会计处理：

借：应付职工薪酬——工资　　9240

　贷：应付职工薪酬——社会保险金　　9240

实际缴纳社会保险费应做如下会计处理：

借：应付职工薪酬——社会保险金　　23520

　贷：银行存款　　23520

4.住房公积金，是指企业按照国家规定的基准和比例计算，向住房公积金管理机构缴存的住房公积金。包括企业代扣代缴的部分和为职工缴纳的部分，核算方法同社会保险费。

5.工会经费和职工教育经费，是指企业为了改善职工文化生活，提高职工业务素质，用于开展工会活动和职工教育及职业技能培训，根据国家规定的基准和比例，从成本费用中提取的金额。工会经费按工资总额的2%计提，职工教育经费按工资总额的1.5%计提。

企业计提的工会应缴纳当地政府工会部门，计提的职工教育经费用于职工培训、学习等相关支出。

【例5】接上例，若丙公司本月实际发生职工培训费5600元，现金支付。则丙公司本月相关经济业务的会计处理如下：

丙公司应计提的工会经费及职工教育经费=84000×(2%+2.5%)=3780

其中应计入生产成本金额=60000×(2%+2.5%)=2700

应计入管理费用金额=24000×(2%+2.5%)=1080

计提工会经费及职工教育经费应做如下会计处理：

借：生产成本　　2700

　　管理费用　　1080

　贷：应付职工薪酬——工会经费　　1680

　　　　　　　　——职工教育经费　　2100

缴纳工会经费应做如下会计处理：

借：应付职工薪酬——工会经费　　1680

贷:银行存款

支付职工培训费应做如下会计处理:

借:应付职工薪酬——职工教育经费　　5600

贷:库存现金　　5600

6.非货币性福利,包括企业以自己的产品或其他有形资产发放给职工作为福利、企业向职工提供无偿使用自己拥有的资产,如提供给企业高级管理人员的汽车、住房等,企业为职工无偿提供商品或类似医疗保健的服务等。

【例 5】丁公司为增值税一般纳税企业,共有职工 200 名,其中 170 名为生产工人,30 名为总部管理人员。2012 年 9 月,丁公司以其生产的电暖气作为福利发放给每名职工。每台电暖气成本 900 元,每台不含税售价 1000 元。增值税率为 17%。

应确认的非货币性福利=200×(1000+1000×17%)=234000(元),

其中应计入生产成本金额=170×(1000+1000×17%)=198900(元),

应计入管理费用金额=30×(1000+1000×17%)=35100(元)。

确认非货币性福利应做如下会计处理:

借:生产成本　　198900

管理费用　　35100

贷:应付职工薪酬——非货币性福利　　234000

实际发放电暖气应做如下会计处理:

借:应付职工薪酬——非货币性福利　　234000

贷:主营业务收入　　200000

应缴税费——应缴增值税(销项税额)　　34000

借:主营业务成本　　180000

贷:库存商品　　180000

【例 6】丁公司为每位部门经理提供免费轿车,为每位副总裁租赁一套住房免费使用。丁公司共有部门经理 20 名,副总裁共有 5 名。假定每辆轿车月折旧额为 1000 元,每套住房每月租金 8000 元。

丙公司应做如下相关会计分录:

①计提轿车折旧

应计提折旧额=20×1000=20000(元)。

借:管理费用　　20000

贷:应付职工薪酬——非货币性福利　　20000

借:应付职工薪酬——非货币性福利　　20000

贷:累计折旧　　20000

②确认住房租金费用

应确认租金费用=5×8000=40000(元)。

借:管理费用　　40000

贷:应付职工薪酬——非货币性福利　　40000

借:应付职工薪酬——非货币性福利 40000

贷:银行存款 40000

二、所有者权益

所有者权益来源于所有者投入资本、直接计入所有者权益的利得和损失、留存收益等。直接计入所有者权益的利得和损失,是指不应计入当期损益,会导致所有者权益发生增减变动、与所有者投入资本或者向所有者分配利润无关的利得和损失。

所有者权益可分为实收资本(或股本)、资本公积、盈余公积和未分配利润等。其中盈余公积和未分配利润统称为留存收益。

(一)实收资本

我国有关法律规定,投资者设立企业首先必须投入资本。企业申请开业,必须具备国家规定的与其生产经营和服务规模相适应的资金。为了反映和监督投资者投入资本的增减变动情况,企业必须按照国家统一会计制度的规定进行实收资本的核算,真实地反映所有者投入企业资本的状况。除股份有限公司以外,其他各类企业应通过"实收资本"科目核算,股份有限公司应通过"股本"科目核算。关于非股份制公司吸收资本的核算上篇已介绍,现介绍股份有限公司吸收资本的核算。

股份有限公司发行股票时,既可以按面值发行股票,也可以溢价发行(我国目前不准许折价发行)。"股本"科目用来核算企业发行股票的面值,该科目贷方登记发行股票的面值,借方登记收回股票的面值,期末贷方余额表示企业已发行股票的面值总额。

1.面值发行股票

借:银行存款

贷:股本

2.溢价发行股票,实际发行额超过面值的部分,计入资本公积(股本溢价)

借:银行存款

贷:股本

资本公积——资本溢价

【例7】丙公司2012年1月1日发行股票200000股,每股面值1元,每股发行价3元。

股票发行价=200000×3=600000(元),

股票面值=200000×1=200000(元)。

借:银行存款 600000

贷:股本 200000

资本公积——资本溢价 400000

(二)资本公积

资本公积是企业收到投资者超出其在企业注册资本(或股本)中所占份额的投资,以及直接计入所有者的利得和损失等。股份制以外的企业收到投资者投入的超出其在企业注册资本中所占的份额的投资,称为资本溢价;股份制企业溢价发行股票,超出面值的部分,称为股本溢价。资本公积可用于转增资本。

企业应设置“资本公积”科目,进行资本公积的核算,该科目贷方登记资本公积金的增加,借方登记资本公积金的减少,期末贷方余额反映资本公积的结存金额。

该科目包括资本溢价(或股本溢价)和其他资本公积两个明细科目。

1.资本溢价

除股份有限公司以外的其他类型的企业,在创立时,投资者认缴的出资额与注册资本一致,一般不会产生资本溢价。但在企业有新的投资者加入时,常常会出现资本溢价。因为在企业进行正常生产经营后,企业有内部积累,新投资者加入企业后,对这些积累也要分享,所以新加入的投资者往往要付出大于原投资者的出资额,才能取得与原投资者相同的出资比例。投资者多缴的部分就形成了资本溢价。

【例 8】A 有限责任公司由两位投资者共投资 200000 元设立,每人各出资 100000 元。一年后,为扩大经营规模,A 有限责任公司接受第三位投资者加入。按照投资协议,新投资者需缴入现金 110000 元,同时享有该公司 1/3 的股份。

A 公司收到第三位投资者投资时应做如下会计处理:

借:银行存款　　110000

　贷:实收资本　　100000

　　资本公积——资本溢价　　10000

2.股本溢价

股份有限公司是以发行股票的方式筹集股本的,股票可按面值发行,也可按溢价发行,我国目前不准折价发行股票。与其他类型的企业不同,股份有限公司在成立时可能会溢价发行股票,因而成立之初,就可能会产生股本溢价。股本溢价的数额等于股份有限公司发行股票时实际收到的金额超过股票面值总额的部分。

发行股票相关手续费、佣金等交易费用,如果是溢价发行股票的,应从溢价中抵扣,冲减资本公积(股本溢价);无溢价发行股票或溢价金额不足以抵扣的,应将不足抵扣的部分冲减盈余公积和未分配利润。

【例 9】B 股份有限公司首次公开发行股票 5000000 股, 每股面值 1 元, 每股发行价 4 元。B 公司以银行存款支付发行手续费 600000 元。假定发行收入已全部收到,发行费用已全部支付,不考虑其他因素。

B 公司应做如下会计处理:

①发行股票

借:银行存款　　2000

　贷:股本　　500

　　资本公积——股本溢价　　1500

②支付发行手续费

借:资本公积——股本溢价　　60

　贷:银行存款　　60

(三)利润分配

利润分配是指企业根据国家有关规定和企业章程、投资者协议等,对企业当年可供分配的利润所进行的分配。

利润分配的顺序依次是：(1)提取法定盈余公积；(2)提取任意盈余公积；(3)向投资者分配利润。

盈余公积是指企业按规定从净利润中提取的企业积累资金。公司制企业的盈余公积包括法定盈余公积和任意盈余公积。法定盈余公积和任意盈余公积的区别在于其各自计提的比例不同，前者以国家的法律为依据，后者由企业的权力机构自行决定。

按照《公司法》有关规定，公司制企业应按照净利润(弥补以前年度亏损)的10%提取法定盈余公积。非公司制企业法定盈余公积的提取比例可超过净利润的10%。法定盈余公积累计额已达到注册资本的50%时可以不再提取。值得注意的是，在计算提取法定盈余公积的基数时，不应包括企业年初未分配利润。

企业提取的盈余公积经批准可用于弥补亏损、转增资本等。

未分配利润是经过弥补亏损、提取法定盈余公积、提取任意盈余公积和向投资者分配利润等利润分配之后剩余的利润，它是企业留待以后年度进行分配的历年结存的利润。

企业应通过“利润分配”科目，核算企业利润的分配(或亏损的弥补)和历年分配(或弥补)后的未分配利润(或未弥补的亏损)。该科目应分别设置“提取法定盈余公积”“提取任意盈余公积”“应付现金股利”“盈余公积补亏”和“未分配利润”等明细科目，进行明细核算。企业未分配利润通过“利润分配——未分配利润”明细科目进行核算。

年度终了，企业应将全年实现的净利润或发生的净亏损，自“本年利润”科目转入“利润分配——未分配利润”科目，并将“利润分配”科目所属其他明细科目的余额，转入“未分配利润”明细科目。结转后“利润分配——未分配利润”科目如为贷方余额，表示累积未分配的利润数额；如为借方余额，则表示累积未弥补的亏损数额。

1.提取法定盈余公积

应提法定盈余公积的金额=(净利润-弥补以前年度亏损)×10%。

借：利润分配——提取法定盈余公积

　贷：盈余公积——法定盈余公积

2.提取任意盈余公积

应提任意盈余公积的金额=(净利润-弥补以前年度亏损)×企业自行确定的比例。

借：利润分配——提取任意盈余公积

　贷：盈余公积——任意盈余公积

3.向投资者分配利润

借：利润分配——应付现金股利

　贷：应付股利

4.结转已分配利润

已分配利润是指企业提取的法定盈余公积、任意盈余公积和向投资者分配的利润，反映在“利润分配”相关明细账中，为了计算年末未分配利润，应将其转入“利润分配——未分配利润”明细账中。

借：利润分配——未分配利润

贷:利润分配——提取法定盈余公积

利润分配——提取任意盈余公积

利润分配——应付现金股利

【例 10】C 公司 2012 年实际净利润 500 万元,“利润分配——未分配利润”科目年初借方余额为 200 万元。C 公司按 10%提取法定盈余公积,按 20%提取任意盈余公积,向投资者分配现金股利 100 万元。

C 公司应做如下相关会计处理:

①结转本年净利润

借:本年利润 5000000

贷:利润分配——未分配利润 5000000

②提取盈余公积

应提取法定盈余公积=(5000000-2000000)×10%=300000(元),

应提取任意盈余公积=(5000000-2000000)×20%=600000(元)。

借:利润分配——提取法定盈余公积 300000

利润分配——提取任意盈余公积 600000

贷:盈余公积——法定盈余公积 300000

盈余公积——任意盈余公积 600000

③向投资者分配现金股利

借:利润分配——应付现金股利 1000000

贷:应付股利 1000000

④结转已分配利润

已分配利润=300000+600000+1000000=1900000(元)。

借:利润分配——未分配利润 1900000

贷:利润分配——提取法定盈余公积 300000

利润分配——提取任意盈余公积 600000

利润分配——应付现金股利 1000000

C 公司 2012 年末“利润分配——未分配利润”科目贷方余额为 1100000 元,表示 C 公司结存未分配利润为 1100000 元。

5.盈余公积弥补亏损

以前年度未弥补的亏损,反映在“利润分配——未分配利润”科目的借方,动用盈余公积弥补亏损时,应先通过“利润分配——盈余公积补亏”科目反映,然后转入“利润分配——未分配利润”科目中。

借:盈余公积

贷:利润分配——盈余公积补亏

借:利润分配——盈余公积补亏

贷:利润分配——未分配利润

6.盈余公积转增资本

借:盈余公积

　贷:实收资本

第六讲　财务报表

一、财务报表概述

(一)财务报表及其目标

财务报表是对企业财务状况、经营成果和现金流量的表述。

企业编制财务报表的目标,是向财务报表使用者提供与企业财务状况、经营成果和现金流量等有关的会计信息,反映企业管理层受托责任的履行情况,有助于财务报表使用者做出经济决策。财务报表使用者通常包括投资者、债权人、政府及其有关部门和社会公众等。

(二)财务报表的组成

一套完整的财务报表至少应当包括资产负债表、利润表、现金流量表、所有者权益(或股东权益)变动表以及附注。

资产负债表、利润表和现金流量表分别从不同角度反映企业的财务状况、经营成果和现金流量。资产负债表反映企业在某一特定日期所拥有的资产、需偿还的债务以及股东(投资者)拥有的净资产情况;利润表反映企业在一定会计期间的经营成果,即利润或亏损的情况,表明企业运用所拥有的资产的获利能力;现金流量表反映企业在一定会计期间现金和现金等价物流入和流出的情况。

所有者权益变动表反映构成所有者权益的各组成部分当期的增减变动情况。企业的净利润及其分配情况是所有者权益变动的组成部分,相关信息已经在所有者权益变动表及其附注中反映,企业不需要再单独编制利润分配表。

附注是财务报表不可或缺的组成部分,是对在资产负债表、利润表、现金流量表和所有者权益变动表等报表中列示项目的明细资料,以及对未能在这些报表中列示项目的说明等。

二、资产负债表

(一)资产负债表概述

1.资产负债表概念

资产负债表是指反映企业在某一特定日期的财务状况的报表。资产负债表主要反映资产、负债和所有者权益三方面的内容,并满足“资产=负债+所有者权益”平衡式。

资产应当按照流动资产和非流动资产两大类别在资产负债表中列示,在流动资产和非流动资产类别下进一步按性质分项列示。

流动资产是指预计在一个正常营业周期中变现、出售或耗用,或者主要为交易目的而持有,或者预计在资产负债表日起一年内(含一年)变现的资产,主要包括货币资金、应收票据、应收账款、预付账款、其他应收款、存货等。非流动资产是指流动资产以外的资产,主要包括固定资产、在建工程、工程物资、无形资产等。

负债应当按照流动负债和非流动负债在资产负债表中进行列示,在流动负债和非流动负债类别下再进一步按性质分项列示。

流动负债是指预计在一个正常营业周期中清偿,或者主要为交易目的而持有,或者自资产负债表日起一年内(含一年)到期应予以清偿的负债,主要包括短期借款、应付票据、应付账款、预收账款、应付职工薪酬、应缴税费、其他应付款等。非流动负债是指流动负债以外的负债,主要包括长期借款、应付债券和其他非流动负债等。

所有者权益一般按照实收资本、资本公积、盈余公积和未分配利润分项列示。

2.资产负债表的结构

我国企业的资产负债表采用账户式结构。账户式资产负债表分左右两方:左方为资产项目,大体按资产的流动性大小排列,流动性大的资产排在前面,流动性小的资产排在后面;右方为负债及所有者权益项目,一般按要求清偿时间的先后顺序排列。

账户式资产负债表中的资产各项目的合计等于负债和所有者权益各项目的合计,即资产负债表左方和右方平衡,即“资产=负债+所有者权益”。如表2-4所示。

表2-4 资产负债表(简表)　　会企01表

编制单位:　　　　年　月　日　　　　单位:元

资产	期末余额	年初余额	负债和所有者权益	期末余额	年初余额
流动资产:			流动负债:		
货币资金			短期借款		
交易性金融资产			应付票据		
应收票据			应付账款		
应收账款			预收账款		
预付账款			应付职工薪酬		
应收利息			应交税费		
应收股利			应付利息		
其他应收款			应付股利		
存货			其他应付款		
其他流动资产			一年内到期的非流动负债		
流动资产合计			其他流动负债		
非流动资产:			流动负债合计		
固定资产			非流动负债:		
在建工程			长期借款		
工程物资			应付债券		
固定资产清理			其他非流动负债		
无形资产			非流动负债合计		

续表

资产	期末余额	年初余额	负债和所有者权益	期末余额	年初余额
其他非流动资产			负债合计		
非流动资产合计			所有者权益：		
			实收资本		
			资本公积		
			盈余公积		
			未分配利润		
			所有者权益合计		
资产总计			负债和所有者权益总计		

（二）资产负债表的编制

资产负债表各项目均需填列“年初余额”和“期末余额”两栏。其中“年初余额”栏内各项数字，应根据上年末资产负债表的“期末余额”栏内所列数字填列。“期末余额”栏主要有以下几种填列方法：

1.根据总账科目余额直接填列

如“交易性金融资产”“应收票据”“应收利息”“应收股利”“其他应收款”“在建工程”“工程物资”“固定资产清理”“无形资产”“短期借款”“应付票据”“应付职工薪酬”“应缴税费”“应付股利”“应付利息”“其他应付款”“实收资本”“资本公积”“盈余公积”等项目。

2.根据几个总账科目余额计算填列

(1)“货币资金”项目，需根据“库存现金”“银行存款”和“其他货币资金”三个总账科目的期末余额的合计数填列。

【例 1】某企业 2012 年 8 月末，“库存现金”科目余额为 60000 元，“银行存款”科目余额为 400000 元，“其他货币资金”科目余额为 120000 元。

该企业 2012 年 8 月末资产负债表“货币资金”项目的期末余额金额为 580000。

(2)“存货”项目，需根据“在途物资”或“材料采购”“原材料”“周转材料”“委托加工物资”“库存商品”“材料成本差异”等存货科目的期末余额的合计数填列。

【例 2】某企业 2012 年 8 月末，“原材料”科目余额为 150000 元，“周转材料”科目余额为 80000 元，“委托加工物资”科目余额为 40000 元，“库存商品”科目余额为 120000 元，“材料采购”科目余额为 30000 元，“材料成本差异”科目贷方余额为 20000 元。

则该企业 2012 年 8 月末资产负债表中“存货”项目期末余额为 400000 元。

(3)“未分配利润”项目，该项目 1—11 月期末余额需根据“利润分配——未分配利润”科目的年初余额和“本年利润”科目的期末余额的合计数填列；该项目的 12 月的期末余额可直接根据“利润分配——未分配利润”科目的年末余额填列。

【例 3】某企业 2012 年 8 月末，“利润分配——未分配利润”明细科目的贷方余额为 2000000 元，“本年利润”科目贷方余额为 1500000 元。

则该企业2012年8月末资产负债表“未分配利润”项目期末余额为3500000元。

【例4】某企业2012年8月末,“利润分配——未分配利润”明细科目的贷方余额为2000000元,“本年利润”科目借方余额为1500000元。

则该企业2012年8月末资产负债表“未分配利润”项目期末余额为500000元。

3.根据明细账科目余额计算填列

(1)“应收账款”项目,应根据“应收账款”科目所属明细科目的借方余额和“预收账款”所属明细科目的借方余额的合计数,减去“坏账准备——应收账款”科目的期末余额填列。

(2)“预收账款”项目,应根据“应收账款”科目所属明细科目的贷方余额和“应收账款”所属明细科目的贷方余额的合计数填列。

【例5】某企业2012年8月末,“应收账款”总账借方余额为200000元,其中“应收账款——A公司”明细科目的借方余额为300000元,“应收账款——B公司”明细科目的贷方余额为100000元。“预收账款”总账科目贷方余额为100000元,其中“预收账款——C公司”明细科目贷方余额为120000元,“预收账款——D公司”明细科目借方余额为20000元。“坏账准备——A公司”明细科目贷方余额为30000元。

该企业2012年8月资产负债表相关项目的期末余额为:

“应收账款”项目金额=300000+20000-30000=290000(元),

“预收账款”项目金额=100000+120000=220000(元)。

(3)“应付账款”项目,应根据“应付账款”科目所属明细科目的贷方余额和“预付账款”科目所属明细科目的贷方余额的合计数填列。

(4)“预付账款”项目,应根据“预付账款”科目所属明细科目的借方余额和“应付账款”科目所属明细科目的借方余额的合计数填列。

【例6】某企业2012年8月末,“应付账款”总账科目贷方余额为400000元,其中“应付账款——A公司”明细科目贷方余额为800000元,“应付账款——B公司”明细科目借方余额为400000元。“预付账款”总账科目借方余额为150000元,其中“预付账款——C公司”明细科目借方余额为220000元,“预付账款——D公司”明细科目贷方余额为70000元。

该公司2012年8月资产负债表相关项目的期末余额为:

“应付账款”项目金额=800000+70000=870000(元),

“预付账款”项目金额=400000+220000=620000(元)。

4.根据总账科目和明细科目余额分析计算填列

(1)“一年内到期的非流动负债”项目,应根据“长期借款”明细科目、“应付债券”明细科目分析计算填列。

(2)“长期借款”项目,应根据“长期借款”总账科目余额,减去一年内到期的长期借款余额填列。

(3)“应付债券”项目,应根据“应付债券”总账科目余额,减去一年内到期的应付债券余额填列。

【例7】某企业2012年8月末,“长期借款”总账科目贷方余额为1200000元,其中“长期借款——中行贷款”明细科目贷方余额为800000元(2012年1月1日借入,2年期),“长期借款——商业银行贷款”明细科目贷方余额为400000元(2010年1月1日借入,3年期)。该企业无其他非流动负债。

则该企业2012年8月末资产负债表“一年内到期的长期借款”项目期末余额为400000元；“长期借款”项目期末余额的金额为800000元。

5.根据有关科目余额减去其备抵科目余额后的净额填列

备抵科目是指用于抵减相关科目金额的账户。如“坏账准备”是“应收账款”的备抵科目；“累计折旧”“固定资产减值准备”是“固定资产”的备抵科目，“累计摊销”“无形资产减值准备”是“无形资产”的备抵科目。

资产负债表中有备抵科目的相关项目的金额数应根据相关科目的余额减去其相关备抵科目余额后的净额填列。

“固定资产”项目，应根据“固定资产”科目期末余额，减去“累计折旧”科目期末余额，减去“固定资产减值准备”科目期末余额填列。

“无形资产”项目，应根据“无形资产”科目期末余额，减去“累计摊销”科目期末余额，减去“无形资产减值准备”科目期末余额填列。

【例8】某企业2012年8月末“固定资产”科目余额为2400000元，“累计折旧”科目余额为1000000元。固定资产未计提减值准备。

则该企业2012年8月末资产负债表“固定资产”项目期末余额=2400000-1000000=1400000(元)。

三、利润表

(一)利润表概述

利润表是指反映企业在一定会计期间的经营成果的报表。

通过提供利润表，可以反映企业在一定会计期间收入、费用、利润(或亏损)的数额和构成情况，帮助财务报表使用者全面了解企业的经营成果，分析企业的获利能力及盈利增长趋势，从而为其做出经济决策提供依据。

我国企业的利润表采用多步式格式，如表2-5所示。

表2-5 利润表 会企02表

编制单位： 年 月 日 单位：元

项目	本期金额	上期金额
一、营业收入		
减：营业成本		
营业税金及附加		
销售费用		
管理费用		
财务费用		
资产减值损失		
加：公允价值变动收益(损失以“-”填列)		

续表

项目	本期金额	上期金额
二、营业利润		
加:营业外收入		
减:营业外支出		
三、利润总额(亏损总额以“-”号填列)		
减:所得税费用		
四、净利润(净亏损以“-”填列)		
五、每股收益		
(一)基本每股收益		
(二)稀释每股收益		

(二)利润表的编制

利润表各项目均需填列“本期金额”和“上期金额”两栏。其中“上期金额”栏内各项数字,应根据上年该期利润表的“本期金额”栏内所列数字填列。“本期金额”栏内各期数字,除“基本每股收益”和“稀释每股收益”项目外,应当按照相关科目的发生额分析填列。如“营业收入”项目,根据“主营业务收入”“其他业务收入”科目的发生额分析填列;“营业成本”项目,根据“主营业务成本”“其他业务成本”科目的发生额分析计算填列。其他项目均按照各科目的发生额分析填列。

【例 9】某企业 2012 年 12 月末,有关科目的发生额如表 2-6 所示。

表 2-6 有关科目的发生额

科目名称	借方余额/元	贷方余额/元
主营业务收入		5000000
其他业务收入		500000
营业外收入		200000
主营业务成本	3500000	
其他业务成本	200000	
营业税金及附加	50000	
营业外支出	100000	
管理费用	350000	
销售费用	90000	
财务费用	20000	
资产减值损失	10000	
所得税费用	380000	

该企业2007年12月的利润见表2-7所示(上期金额略)。

表2-7 利润表 会企02表

编制单位: 年 月 日 单位:元

项目	本期金额	上期金额
一、营业收入	5500000	
减:营业成本	3700000	
营业税金及附加	50000	
销售费用	90000	
管理费用	350000	
财务费用	20000	
资产减值损失	10000	
加:公允价值变动收益(损失以"-"填列)		
二、营业利润	1280000	
加:营业外收入	200000	
减:营业外支出	100000	
三、利润总额(亏损总额以"-"号填列)	1380000	
减:所得税费用	380000	
四、净利润(净亏损以"-"填列)	1000000	
五、每股收益		
(一)基本每股收益		
(二)稀释每股收益		

下　篇

第一讲 支付结算

第一节 支付结算概述

一、支付结算的概念

支付结算，是指单位、个人在社会经济活动中使用票据、银行卡和汇兑、托收承付、委托收款等结算方式进行货币给付及其资金清算的行为，其主要功能是完成资金从一方当事人向另一方当事人的转移。

按照国家有关规定，凡是独立核算的企业都必须在当地银行开立账户。企业在银行开立账户后，除按核定的限额保留库存现金外，超过限额的现金必须存入银行；除在规定的范围内可以用现金直接支付的款项外，在经营过程中所发生的其他货币收支业务，都必须通过银行存款账户进行结算。

《支付结算办法规定》规定：现行银行支付方式有票据和信用卡，其中票据又包括银行汇票、商业汇票、银行本票和支票；结算方式有汇兑、委托收款、托收承付和信用证。

二、支付结算的特征

支付结算作为一种法律行为，具有以下法律特征：

1.支付结算必须通过中国人民银行批准的金融机构进行

《支付结算办法》规定："银行是支付结算和资金清算的中介机构。未经中国人民银行批准的非银行金融机构和其他单位不得作为中介机构经营支付结算业务。但法律、行政法规另有规定的除外。"

2.支付结算是一种要式行为

所谓要式行为是指法律规定必须按照一定形式进行的行为。如果该行为不符合法定的形式要件，即为无效。

3.支付结算的发生取决于委托人的意志

银行在支付结算中充当中介机构，因此，银行只要以善意且符合规定的正常操作程序审查，未发现异常而支付金额的，对出票人或付款人不再承担受委托付款的责任，对持票人或收款人不再承担付款的责任。当事人对在银行的存款有自己的支配权。

4.支付结算实行统一管理和分级管理相结合的管理体制

《支付结算办法》规定：中国人民银行总行负责制定统一的支付结算制度，组织、协调、管理、监督全国的支付结算工作；中国人民银行各分行根据统一的支付结算制度制定实施细则，报总行备案。政策性银行、商业银行总行可根据统一的支付结算制度，结合本行情况，制定具体管理实施办法，报经中国人民银行总行批准后执行。

三、银行结算纪律

企业通过银行办理支付结算时，应当认真执行国家各项管理办法和结算制度。中国人民银行《支付结算办法》规定：单位和个人办理支付结算，不准签发没有资金保证的票据和远期支票，套取银行信用；不准签发、取得和转让没有真实交易和债权债务的票据，套取银行和他人资金；不准无理拒绝付款，任意占用他人资金；不准违反规定开立和使用账户。

四、办理支付结算的基本要求

1.单位、个人和银行办理支付结算，必须使用按中国人民银行统一规定印制的票据凭证和统一规定的结算凭证。票据和结算凭证是办理支付结算的工具。未使用按中国人民银行统一规定印制的票据，票据无效；未使用中国人民银行统一规定格式的结算凭证，银行不予受理。

2.单位、个人和银行应当按照《人民币银行结算账户管理办法》的规定开立、使用账户。在银行开立存款账户的单位和个人办理支付结算，账户内需有足够的资金保证支付。银行依法为单位、个人在银行开立的存款账户中的存款保密；除国家法律另有规定外，银行不得为任何单位、个人查询账户情况，不得为任何单位、个人冻结、扣划款项，不得停止正常支付。

3.票据和结算凭证上的签章和其他记载事项应当真实，不得伪造、变造。票据和结算凭证的金额、出票或签发日期、收款人名称不得更改，更改的票据无效；更改的结算凭证，银行不予受理。对票据和结算凭证上的其他记载事项，原记载人可以更改，更改时应当由原记载人在更改处签章证明。票据和结算凭证上的签章，为签名或盖章或者签名加盖章。单位、银行在票据上的签章和单位在结算凭证上的签章，为该单位、银行的盖章加其法定代表人或其授权的代理人的签名或者盖章。个人在票据和结算凭证上的签章，为本人的签名或者盖章。

4.填写票据和结算凭证应当规范，做到要素齐全，数字正确，字迹清晰，不错不漏，不潦草，防止涂改。票据和结算凭证金额以中文大写和阿拉伯数码同时记载，两者必须一致，两者不一致的票据无效；两者不一致的结算凭证，银行不予受理。

五、填写票据和结算凭证的基本要求

1.中文大写金额数字应用正楷或行书填写。如壹、贰、叁、肆、伍、陆、柒、捌、玖、拾、佰、仟、万、亿、元、角、分、零、整(正)等字样。不得用一、二(两)、三、四、五、六、七、八、九、十、另填写。不得自造简化字。

2.中文大写金额到“元”为止的，在“元”之后，应写“整”(或“正”)字，在“角”之后可以不写“整”(或“正”字)。大写金额数字有分的，“分”后面不写“整”(或“正”字)。

3.中文大写金额数字前应标明“人民币”字样，大写金额数字应紧接“人民币”字样填写，不得留有空白。大写金额数字前未印“人民币”字样的，应加填“人民币”三字。在票据和结算凭证大写金额内不得预印固定的“仟、佰、拾、万、拾、角、分”字样。

4.阿拉伯小写数字中有“0”时，中文大写应按照汉语语言规律、金额数字构成和防止涂改的要求进行书写。

(1)阿拉伯数字中间有“0”时,中文大写金额要写“零”字。如¥1409.50,应写成人民币壹仟肆佰零玖元伍角。

(2)阿拉伯数字中间连续有几个“0”时,中文大写金额中间可以只写一个“零”字。如¥6007.14,应写成人民币陆仟零柒元壹角肆分。

(3)阿拉伯数字的万位或元位是“0”,或者数字中间连续有几个“0”,万位、元位也是“0”,但千位、角位不是“0”时,中文大写金额中可以只写一个零字,也可以不写零字。如¥1680.32,应写成人民币壹仟陆佰捌拾元零叁角贰分, 或者写成人民币壹仟陆佰捌拾元叁角贰分。如¥107000.53,应写成人民币壹拾万柒仟元零伍角叁分,或者写成人民币壹拾万零柒仟元伍角叁分。

(4)阿拉伯金额数字角位是“0”,而分位不是“0”时,中文大写金额“元”后面应写“零”字。如¥16409.02,应写成人民币壹万陆仟肆佰零玖元零贰分。如¥325.04,应写成人民币叁佰贰拾伍元零肆分。

5.阿拉伯小写金额数字前面,均应填写人民币符号“¥”。阿拉伯小写金额数字要认真填写,不得连写。

6.票据的出票日期必须使用中文大写。为防止变造票据的出票日期,在填写月、日时,月为壹、贰和壹拾的,日为壹至玖和壹拾、贰拾和叁拾的,应在其前加“零”;日为拾壹至拾玖的,应在其前面加“壹”。如 2 月 12 日,应写成零贰月壹拾贰日;10 月 20 日,应写成零壹拾月零贰拾日。

7.票据出票日期使用小写填写的,银行不予受理。大写日期未按要求规范填写的,银行可予受理,但由此造成损失的,由出票人自行承担。

第二节 支付方式

一、银行汇票

银行汇票是出票银行签发的, 由其在见票时按照实际结算金额无条件支付给收款人或者持票人的票据。银行汇票可以用于转账。填明“现金”字样的银行汇票也可以用于支取现金。单位和个人在同城、异地或统一票据交换区域的各种款项结算,均可使用银行汇票。

(一)银行汇票支付程序

企业采用银行汇票进行支付结算的具体程序如下:

1.申请人申请办理银行汇票。申请人需填写“银行汇票申请书”,到开户银行办理银行汇票。如需要到异地提取现金,需在汇票申请书上填明兑付银行的名称并在申请书的“汇款金额”栏先填写“现金”字样后,再填写汇款金额。

2.银行签发银行汇票。银行收到申请人送交的“银行汇票申请书”,经审核无误后盖章并签发银行汇票。银行将盖章的申请书存根联及签发的银行汇票退交申请人,申请人据此编制付款凭证记账。

3.办理款项结算。申请人将银行汇票提交收款人,办理款项结算。

4.办理进账或取款。收款人在办理进账时要填写一式二联的进账单,连同汇票(第二联)及解款通知(汇票第三联)提交给开户银行。如收款人持有的银行汇票带有“现金”字样,则需到指定银行提取现金。

5.通知收款。银行审查受理,退回进账单第一联,企业根据退回的进账单及有关原始凭证编制收款凭证记账。

6.收款人向付款人提供商品。

7.通知汇票已解付。收款单位开户银行将银行汇票解款通知联(第三联)随进账单寄往汇款单位开户银行,通知汇票已解付。

8.结算划转款项。

9.余款退回。当汇票金额超过实际结算金额时,多余款项由银行退给申请人或转入汇款单位账户。汇款单位根据退款收账通知编制收款凭证记账。

(二)银行汇票的特点

1.方便及时,结算迅速。票随人到,见票付款,有利于企业和个人的急需用款和及时采购。

2.使用广泛。企业、个人同城及异地间各种款项均可使用。

3.灵活方便,适用性强。持票人既可以将汇票转让给销货单位,也可以到汇入银行支取现金。

4.结算准确,余款自动退回。可以钱货两清,防止不合理的预付货款和交易尾欠的发生。

5.信用度高,安全可靠。银行汇票由银行签发,有可靠的支付保证,而且银行内部有一套严密的处理程序和技术措施,申请人的汇款相当安全。

6.收款人收取银行汇票办理进账方便、迅速,能及时收到款项。

(三)采用银行汇票支付的有关规定

1.银行汇票一律记名。

2.银行汇票的付款期限为1个月(按次月对日计算,到期遇法定休假日顺延),逾期汇票兑付银行不予受理。

3.超过付款期限不获付款的,持票人需在票据权利时效内向出票银行做出说明,并提供本人身份证件或单位证明,持银行汇票和解款通知向出票银行请求付款。

申请人因银行汇票超过付款期限或其他原因要求退款时,应将银行汇票和解讫通知同时提交到出票银行。申请人为单位的,应出具单位证明;申请人为个人的,应出具本人的身份证件。申请人缺少解讫通知要求付款的,出票银行应于银行汇票提示付款期满后1个月后办理。

4.银行汇票的收款人可以将银行汇票背书转让给他人,背书转让以不超过出票金额的实际结算金额为限,未填写实际结算金额或实际结算金额超过出票金额的银行汇票不得背书转让。

5.申请使用现金银行汇票的,其申请人和收款人必须都是个人;申请人或者收款人为单位的,银行不予签发现金银行汇票。

6.银行汇票丧失，失票人可以凭人民法院出具的其享有票据权利的证明，向出票银行请求付款或退款。

（四）结算双方的会计处理

申请签发银行汇票的一方，应设置“其他货币资金——银行汇票存款”账户进行银行汇票存款的核算。

其他货币资金是指除现金和银行存款以外的货币资金，主要包括以下内容：

外埠存款，是指企业到外地进行临时或零星采购时，汇往采购地银行开立采购专户的款项。

银行汇票存款，是指企业为取得银行汇票按规定存入银行的款项。

银行本票存款，是指企业为取得银行本票按规定存入银行的款项。

信用卡存款，是指企业为取得银行信用卡按规定存入银行的款项。

信用证保证金，是指企业为取得信用证按规定存入银行的款项。

企业应设置“其他货币资金”账户，核算各种其他货币资金的增减变化。该账户为资产类账户。按种类设置明细账户，进行明细核算。

现以购货业务说明银行汇票结算双方的会计处理。

【例1】甲公司与乙公司均为增值税一般纳税企业。2012年1月甲公司销售一批产品给乙公司，双方约定采用银行汇票结算。1月18日，乙公司向开户银行申请签发面值为200000元的银行汇票，银行受理后，将银行汇票及解讫通知交付乙公司。1月20日乙公司收到甲公司发来的原材料及增值税专用发票，价款170000元，增值税28900元。甲公司以现金代垫运费1000元。原材料已验收入库。同日乙公司将面值为200000元的银行汇票及解讫通知交付甲公司。1月22日，甲公司将银行汇票、解讫通知及进账单交付开户行，银行受理后，办理转账。1月25日，乙公司收到开户行开出的汇票结算单。乙公司原材料按实际成本计价核算；甲公司该批产品成本为140000元。运费按7%抵扣增值税。

乙公司会计处理如下：

①1月18日申请签发银行汇票

借：其他货币资金——银行汇票存款　　200000

　贷：银行存款　　200000

②1月20日采购材料

借：原材料　　170930

　应缴税费——应缴增值税（进项税额）　　28970

　贷：其他货币资金——银行汇票存款　　199900

③1月25日收到银行汇票结算通知单

借：银行存款　　100

　贷：其他货币资金——银行汇票存款　　100

甲公司会计处理如下：

1月22日销售产品

借：银行存款　　199900

贷:主营业务收入 170000

应缴税费——应缴增值税(销项税额) 28900

库存现金 1000

借:主营业务成本 140000

贷:库存商品 140000

二、银行本票

银行本票是银行签发的，承诺自己在见票时无条件支付确定的金额给收款人或持票人的票据。单位和个人在同一票据交换区域需要支付的各种款项,均可使用银行本票。

银行本票分定额本票和不定额本票。定额本票面值分别为1000元、5000元、10000元和50000元。不定额本票没有票面金额起点,也没有最高限额。在票面划去转账字样的为现金本票,现金本票只能用于支取现金。

银行本票可以用于转账,注明"现金"字样的银行本票可以用于支取现金。银行本票的提示付款期限为自出票日起最长不超过2个月。银行本票的办理程序及兑付要求基本同银行汇票。

申请签发银行本票的单位,应设置"其他货币资金——银行本票存款"账户,核算银行本票存款。

现以接受劳务为例说明银行本票的核算。

【例2】甲公司与乙公司均为增值税一般纳税企业。2012年1月5日,双方签订合同,乙公司为甲公司提供大修理劳务,合同价5000元(不含增值税),采用银行本票结算。1月12日甲公司向开户银行申请签发面值为6000元的银行本票,银行受理后,将银行本票及解讫通知交付甲公司。同日,甲公司将银行本票及解讫通知交付乙公司。1月13日,乙公司开出增值税专用发票,修理费5000元,增值税850元。1月14日乙公司将银行本票、解讫通知及进账单交付开户行,银行受理后,办理转账。1月16日甲公司收到银行本票结算通知单。乙公司提供大修理劳务共发生费用2300元,均为职工薪酬;提供劳务为公司的主营业务。

甲公司会计处理如下:

①1月12日甲公司申请签发银行汇票时:

借:其他货币资金——银行本票存款 6000

贷:银行存款 6000

②1月12日甲公司收到专用发票时:

借:管理费用 5000

应缴税费——应缴增值税(进项税额) 850

贷:其他货币资金——银行本票存款 5850

③1月16日甲公司收到银行本票结算通知单时:

借:银行存款 150

贷:其他货币资金——银行本票存款 150

乙公司会计处理如下:

①1月12日开出增值税专用发票时：

借：应收账款　　5850

　贷：主营业务收入　　5000

　　应缴税费——应缴增值税（销项税额）　　850

借：主营业务成本　　2300

　贷：应付职工薪酬　　2300

②1月16日收款时：

借：银行存款　　5850

　贷：应收账款　　5850

三、商业汇票

商业汇票是出票人签发的，委托付款人在指定日期无条件支付确定的金额给收款人或者持票人的票据。

商业汇票在同城或异地均可使用，在银行开立账户的法人及其他组织之间，具有真实的商品交易关系或债权债务关系才能使用商业汇票。商业汇票按承兑人不同，分为商业承兑汇票和银行承兑汇票。

（一）商业承兑汇票

商业承兑汇票的出票人为在银行开立存款账户的法人及其他组织，可以由付款人签发并承兑，也可以由收款人签发交由付款人承兑。其具体支付程序及核算如下：

1.承兑汇票。承兑时，付款人应在汇票正面记载"承兑"字样和承兑日期并签章。承兑不得附有条件，否则视为拒绝承兑。付款人根据签发的汇票存根及有关单据编制记账凭证，借记"原材料""应缴税费——应缴增值税（进项税额）"等科目，贷记"应付票据"科目。收款人根据付款人交来的商业承兑汇票及有关单据编制记账凭证，借记"应收票据"科目，贷记"主营业务收入""应缴税费——应缴增值税（销项税额）等科目。需要注意的是，收款人应将汇票的复印件作为附件入账，汇票原件在到期时需要交付银行办理收款业务。

2.汇票到期办理收款手续。收款人持到期的商业承兑汇票委托开户银行收款。

3.银行传递汇票。收款人开户行审核委托收款凭证和汇票，确认无误后，将其传递给付款人开户行。

4.通知付款。付款人根据开户银行的付款通知编制付款凭证，借记"应付票据"科目，贷记"银行存款"科目。

5.银行划转款项。付款人开户银行审核委托收款凭证和汇票，确认无误后，将款项划拨给收款人开户银行并通知付款人。

6.通知收款。收款人根据银行转来的收款通知编制收款凭证，借记"银行存款"科目，贷记"应收票据"科目。

（二）银行承兑汇票

银行承兑汇票由银行承兑，由在承兑银行开立存款账户的法人或其他组织签发的商业汇票。银行承兑汇票与商业承兑汇票的处理基本相同,但有以下两点不同:一是出票人应按票面金额的0.5‰向承兑银行缴纳手续费,计入财务费用;二是银行承兑汇票的出票人应于汇票到期日前将票款足额缴存其开户银行。承兑银行在汇票到期日或到期日后的汇票当日支付票款,若出票人在汇票到期日未能足额存款时,承兑银行应向汇票持票人无条件付款,承兑银行将出票人尚未支付的汇票款转为逾期贷款,并按每天0.5‰计收利息。

其具体支付程序和核算如下:

1.持汇票申请承兑。付款人填制承兑协议向银行申请承兑。

2.银行受理。汇票经开户银行承兑,付款人应缴纳承兑手续费,缴纳手续费时编制付款凭证,借记“财务费用”科目,贷记“银行存款”科目。

3.交付承兑汇票。付款人将银行承兑汇票交给收款人时,应编制记账凭证,借记“原材料”“应缴税费——应缴增值税(进项税额)”等科目,贷记“应付票据”科目。收款人在收到付款人的银行承兑汇票时,应编制记账凭证,借记“应收票据”科目,贷记“主营业务收入”“应缴税费——应缴增值税(销项税额)等科目。

4.汇票到期送交转账。收款人填写进账单,连同已到期的银行承兑汇票送交开户银行办理进账。

5.收款人凭进账单入账。收款人根据银行盖章退回的进账单第一联编制收款凭证,借记“银行存款”科目,贷记“应收票据”科目。

6.银行内部传递票据,划拨转账。

7.通知票款已从其账户中支付。付款人根据银行转来的付款通知做账,借记“应付票据”科目,贷记“银行存款”科目。

(三)采用商业汇票支付的有关规定

1.商业汇票签发、使用时,商业汇票的付款人、收款人均必须是在银行开立存款账户的法人及其他组织,并且必须具有真实的交易关系或债权债务关系。

2.商业汇票的付款期限由交易双方商定,但最长不得超过6个月。

3.商业汇票可以背书转让;符合条件的商业汇票的持票人可持未到期的商业汇票向银行申请贴现。

【例3】甲公司、乙公司均为增值税一般纳税企业。2012年1月20日,甲公司销售一批产品给乙公司,开出增值税专用发票,价款80000元,增值税13600元。同日开出面值为93600元、期限为3个月的商业承兑汇票交付乙公司承兑,乙公司当日办理承兑。甲公司该批产品成本为52000元。甲公司另以现金支付运杂费1300元,其中运费1000元。1月23日乙公司收到采购的材料,全部验收入库,该公司原材料采用实际成本核算。汇票到期时,乙公司足额付款。

甲公司会计处理如下:

①1月20日销售商品时:

借:应收票据	93600	
贷:主营业务收入		80000
应缴税费——应缴增值税(销项税额)		13600

借:主营业务成本 52000

贷:库存商品 52000

借:销售费用 1230

应缴税费——应缴增值税(进项税额) 70

贷:库存现金 1300

②4 月 20 日收到汇票款时:

借:银行存款 93600

贷:应收票据 93600

若汇票到期乙公司未支付票款,甲公司应做如下会计处理:

借:应收账款 93600

贷:应收票据 93600

乙公司会计处理如下:

①1 月 23 日采购材料时:

借:原材料 80000

应缴税费——应缴增值税(进项税额) 13600

贷:应付票据 93600

②4 月 20 日汇票到期付款时:

借:应付票据 93600

贷:银行存款 93600

若汇票到期乙公司存款不足,未付款,应做如下会计处理:

借:应付票据 93600

贷:应付账款 93600

【例 4】甲公司为增值税一般纳税企业,乙公司为增值税小规模纳税企业。2012 年 1 月 16 日,甲公司销售一批产品给乙公司,开出增值税专用发票,价款 30000 元,增值税 5100 元。款未收到。该批产品成本为 24000 元。1 月 30 日甲公司收到乙公司同日开具的面值为 35100 元、期限为 2 个月的银行承兑汇票。1 月 20 日乙公司收到采购的材料,全部验收入库。

甲公司会计处理如下:

①1 月 16 日销售产品时:

借:应收账款 35100

贷:主营业务收入 30000

应缴税费——应缴增值税(销项税额) 5100

借:主营业务成本 24000

贷:库存商品 24000

②1 月 30 日收到商业汇票时:

借:应收票据 35100

贷:应收账款 35100

③3 月 30 日汇票到期收款时：

借：银行存款　　35100

　贷：应收票据　　35100

乙公司会计处理如下：

①1 月 20 日收到材料时：

借：原材料　　35100

　贷：应付账款　　35100

②1 月 30 日开具银行承兑汇票，并支付承兑手续费时：

借：应付账款　　35100

　贷：应付票据　　35100

借：财务费用　　17.55

　贷：银行存款　　17.55

③3 月 30 日汇票到期付款时：

借：应付票据　　35100

　贷：银行存款　　35100

若汇票到期乙公司存款不足，未付款，应做如下会计处理：

借：应付票据　　35100

　贷：短期借款　　35100

若 4 月 5 日乙公司支付逾期汇票款，应做如下会计处理：

借：短期借款　　35100

　　财务费用　　105.3

　贷：银行存款　　35205.3

四、支票

支票是出票人签发的、委托办理支票存款业务的银行在见票时无条件支付确定的金额给收款人或者持票人的票据。单位和个人在同一票据交换区域(同城)的各种款项结算，均可使用支票。支票上印有“现金”字样的为现金支票，它只能用于提取现金；支票上印有“转账”字样的为转账支票，它只能用于转账；支票上未印有“现金”或“转账”字样的为普通支票，它可以用于转账，也可以用于提取现金。在普通支票左上角划两条平行线的，为划线支票，划线支票只能用于转账，不得支取现金。

(一)支票支付程序及核算

1.签发支票。付款人签发支票，将支票交收款人办理结算。付款人根据支票存根和有关单据编制付款凭证，借记有关科目，贷记“银行存款”科目。

2.提供产品或劳务。收款人向付款人提供产品或劳务。

3.支票送存银行。收款人填一式二联的进账单，连同支票一起送交开户银行，办理进账。

4.通知款项已入账。收款人根据银行盖章退回的进账单第一联和有关原始凭证编制收款凭证，借记“银行存款”科目，贷记有关科目。

(二)采用支票支付的有关规定

1.出票人签发支票的金额,不得超过付款时在付款人处实有的存款金额(不得签发空头支票);不得签发与其预留银行签章不符的支票;使用密码的支票,出票人不得签发支付密码错误的支票,否则,银行除予以退票外,并按票面金额处以5%但不低于1000元的罚款,持票人有权要求出票人赔偿支票金额2%的赔偿金。

2.持票人应在提示付款期限内,委托开户银行收款。委托收款时,在支票背面背书人签章栏签章,记载"委托收款"字样、背书日期,在背书人栏记载开户银行名称,并将支票和填制的进账单送交开户银行。

3.支票的提示付款期限为自出票日起10日。超过提示付款期限提示付款的,持票人开户银行不予受理,付款人不予付款。

4.支票一律记名。转账支票可以根据需要在票据交换区域内背书转让。

5.要素填写齐全的支票允许挂失止付。

现以购销业务为例说明支票结算双方的核算。

【例5】甲公司、丙商店均为增值税一般纳税企业。2012年1月甲公司从丙商店购入一批办公用品,丙公司开具增值税专用发票,价款2000元,增值税340元。甲公司开出面值为2340元的转账支票支付。1月16日丙公司将转账支票及进账单送存开户银行,银行受理后,办理转账。丙商店该批商品成本为1600元。

甲公司会计处理如下:

借:管理费用	2000	
应缴税费——应缴增值税(进项税额)	340	
贷:银行存款		2340

丙商店会计处理如下:

借:银行存款	2340	
贷:主营业务收入		2000
应缴税费——应缴增值税(销项税额)		340
借:主营业务成本	1600	
贷:库存商品		1600

第三节　结算方式结算

一、汇兑

汇兑是汇款人委托银行将其款项支付给收款人的结算方式。汇兑分信汇、电汇两种。异地的单位和个人的各种款项的结算,均可以采用汇兑结算方式。这种划拨款项简便、灵活。

采用汇兑结算方式的具体结算程序及核算如下:

1.委托银行汇款。付款人委托银行汇款时,应填写银行印发的汇款凭证,列明收款人名称、汇款金额及汇款用途等项目,送达开户银行,委托银行将款项汇往收汇银行。

2.银行受理后退回回单联。付款人根据汇款回单编制付款凭证,借记有关科目,贷记“银行存款”科目。

3.划转汇款。受托银行将款项汇往收汇银行。

4.通告款项入账。收款人根据银行收款通知编制收款凭证,借记“银行存款”科目,贷记有关科目。

二、委托收款

委托收款是收款人委托银行向付款人收取款项的结算方式。单位和个人凭已承兑的商业汇票、债券、存单等付款人债务证明办理款项结算,均可以使用委托收款结算方式。委托收款在同城、异地均可以使用。委托收款结算款项划回方式,分邮寄和电报两种。

采用委托收款结算方式的具体程序及核算如下:

1.收款人发出产品或提供劳务。

2.委托银行收款。收款人应向银行提交委托收款凭证和有关债权证明。在委托收款凭证中写明付款人名称、收款人名称、账号及开户银行、委托收款金额的大小写、款项内容、委托收款凭据名称及附寄单证张数等。

3.银行同意受理,退回委托收款凭证回单。收款人根据银行的回单做账务处理,借记“应收账款”科目,贷记“主营业务收入”“应缴税费——应缴增值税(销项税额)等科目。

4.银行之间传递凭证。受托银行与付款人开户银行之间传递凭证。

5.通知付款。付款人收到银行交给的委托收款凭证及债务证明,应在3天之内审查债务证明是否真实,是否是本单位的债务,确认之后通知银行付款。如果不通知银行,银行视同企业同意付款,在第4天从单位账户中付出此笔委托收款款项。如果付款人在3天内审查有关债务证明后,认为债务证明或与此有关的事项符合拒绝付款的规定,应出具拒绝付款理由书和委托收款凭证第五联及持有的债务证明,向银行提出拒绝付款。付款人同意付款,应根据银行转来的委托收款凭证付款通知联和有关的原始凭证编制付款凭证,借记有关科目,贷记“银行存款”科目。

6.银行之间划转款项。

7.通知款项收妥。收款人根据银行转来的收款通知编制收款凭证,借记“银行存款”科目,贷记“应收账款”科目。

【例6】甲公司、乙公司均为增值税一般纳税企业。2012年1月25日甲公司销售一批产品给乙公司,开出增值税专用发票,价款70000元,增值税11900元。该批产品成本为48000元。1月28日甲公司委托开户银行收款,填制了委托收款凭证,提交发票,银行受理后,将回单交付甲公司。1月10日乙公司收到材料,全部验收入库,通知银行付款。2月3日甲公司收到委托收款收账通知单。

甲公司会计处理如下:

①1月28日销售产品,办妥委托收款手续时:

借:应收账款　　81900

　贷:主营业务收入　　70000

应缴税费——应缴增值税(销项税额)　　11900

借:主营业务成本　　48000

贷:库存商品　　8000

②2 月 3 日收到收账通知时:

借:银行存款　　81900

贷:应收账款　　81900

乙公司会计处理如下:

借:原材料　　70000

应缴税费——应缴增值税(进项税额)　　11900

贷:银行存款　　81900

三、托收承付

托收承付是根据购销合同由收款人发货后委托银行向异地付款人收取款项，由付款人向银行承认付款的结算方式。

(一)托收承付结算程序及核算

1.收款人按照购销合同发货。

2.委托银行收款。收款人发货后,填写托收承付凭证,盖章后连同发运证件或其他符合托收承付结算的有关证明和交易单证送交开户银行办理托收手续。

3.收款人开户银行受理后退回托收凭证回单。

4.传递凭证。收款人开户银行将结算凭证寄往付款人开户银行。

5.通知付款。付款人开户银行通知付款人承认付款。

6.同意付款。付款人收到托收承付结算凭证和所附单据后,应立即审核是否符合订货合同的规定。付款人若承认付款,根据托收结算凭证和所附的发票账单、运单等单据编制付款凭证,借记“原材料”“应缴税费——应缴增值税(进项税额)”等科目,贷记“银行存款”科目。

7.划转款项。付款人开户银行将款项划拨给收款人开户银行。

8.通知货款已收妥入账。收款人收到银行转来的收款通知单后,根据托收结算凭证的回单及有关单据编制收款凭证,借记“银行存款”科目,贷记“主营业务收入”“应缴税费——应缴增值税(销项税额)”等科目。

(二)采用托收承付结算的有关规定

1.使用托收承付结算方式的收款单位和付款单位,必须是签有符合商品购销合同的国有企业、供销合作社以及经营管理较好并经开户银行审查同意的城乡集体所有制工业企业。购销双方必须签有符合《经济合同法》的购销合同并在合同上订明使用托收承付结算方式。

2.办理托收承付结算的款项必须是商品交易以及因商品交易产生的劳务供应的款项。托收承付结算每笔的金额起点为 10000 元。

3.购货企业收到托收承付结算凭证和所附单据后,应立即审核是否符合订货合同的规定。承付货款分验单付款和验货付款两种,由收付双方商量选用,并在合同中明确规定。验单付款的承付期为3天,从付款人开户银行发出承付通知的次日算起。付款人在承付期内,未向银行表示拒绝付款,银行即视作承付,并在承付期满次日上午银行开始营业时,将款项主动从付款人账户内付出,按照收款人指定的划款方式,划给收款人。验货付款的承付期为10天,从运输部门向付款人发出到货通知的次日算起。付款人收到提货通知后,应立即向银行交验货提货通知的,付款人在银行发出承付通知的次日起10天内,未收到提货通知的,应在第10天将货物未到达情况通知银行。在第10天付款人没有通知银行的,银行视作已经验货,于第10天满的次日上午银行开始营业时,将款项划给收款人;在第10天付款人通知银行货物未到,而以后收到提货通知没有及时送交银行,银行仍按10天期满的次日作为划款日期,并按照超过天数,计扣逾期付款每天5%的赔偿金。

4.购货企业在承付期内发现有下列情况可向银行提出全部或部分拒绝付款:未签订合同或合同中未订明托收承付方式;未经双方事先达成协议,收款人提前交货或逾期交货且付款人不再需要该货物;未按合同规定的到货地址发货的款项;代销、寄销、赊销商品的款项;验单付款,发现所列货物的品种、规格、数量、价格与合同不符,或货物已到,经验货与合同或发货清单不符;验货付款,经验货与合同或发货清单不符;货款已支付或计算错误。购货企业提出拒绝付款理由交银行办理,但拒付的货物应妥善保管。

第四节　信用卡和信用证

一、信用卡

信用卡是指商业银行向个人和单位发行的,凭以向特约单位购物、消费和向银行存取现金,且具有消费信用的特制载体卡片。信用卡按使用对象分为单位卡和个人卡,按信誉等级分为金卡和普通卡。

凡在中国境内金融机构开立基本存款账户的单位可申请单位卡。同城、异地均可使用。单位卡可申领若干张,持卡人资格由申领单位法定代表人或其委托的代理人书面指定和注销。持卡人不得出租或转借信用卡。

申领信用卡时,应按规定填制申请表,连同有关资料一并送发卡银行,符合条件并按银行要求缴存一定金额的备用金后,银行为申领人开立信用卡存款账户,并发给信用卡。企业缴存的这部分备用金已经具有特定用途,属于其他货币资金。企业取得信用卡时,应借记“其他货币资金——信用卡存款”科目,贷记“银行存款”科目。

(一)信用卡结算程序

1.持卡人用卡购物或消费并在签购单上签字;

2.商户向持卡人提供商品或劳务;

3.商户向发卡银行提交签购单;

4.发卡银行向商户付款;

5.发卡银行向持卡人发付款通知。

(二)采用信用卡结算的有关规定

1.单位卡资金一律从基本存款账户转入,不得缴存现金,不得将销货收入的款项存入,同时也不得支取现金。办理销户时,单位卡账户余额应转入基本存款账户。

2.持卡人可持信用卡在特约单位购货、消费。单位卡不得用于10万元以上的商品交易、劳务供应款项的结算。

3.信用卡在规定的限额和期限内允许善意透支,透支额金卡最高不得超过10000元,普通卡最高不得超过5000元。透支期限最长为60天。

4.如信用卡遗失,持卡人应立即持有效证明并按规定提供有关情况,向发卡银行或代办银行申请挂失。

【例7】甲公司2012年1月1日向开户银行申领一张10万元的信用卡,银行受理后,将信用卡及结算凭证交付甲公司。甲公司信用卡持卡人为公司总裁张某。1月张某使用信用卡招待客户,消费4万元。

甲公司会计处理如下:

①收到申领的信用卡时:

借:其他货币资金——信用卡存款　　100000

　贷:银行存款　　100000

②持卡人使用信用卡消费时:

借:管理费用　　40000

　贷:其他货币资金——信用卡存款　　40000

二、信用证

信用证是指开证银行依照申请人的申请开出的、凭符合信用条款的单据支付的付款承诺,并明确规定该信用证为不可撤销、不可转让的跟单信用证。信用证结算方式是国际结算的一种主要方式,经中国人民银行批准经营结算业务的商业银行总行以及经商业银行总行批准开办信用证结算业务的分支机构等均可以办理国内企业之间商品交易的信用证结算业务。

企业需使用信用证时,应填写"信用证委托书",将信用证保证金缴存开证行。销货单位收到信用证时,按购销合同约定发货、签发有关发票账单,并连同运输单据和信用证交给银行,开证银行审核单证完全符合信用证所规定条款时立即付款。

信用证存款,应通过"其他货币资金——信用证保证金存款"账户进行核算。具体账务处理同银行汇票存款基本相同。

第二讲　金融资产的核算

金融资产主要包括货币资金、应收账款、应收票据、贷款、垫款、其他应收款、应收利息、应收股利、债权投资、股权投资、基金投资等。

企业应当结合自身业务特点和风险管理要求，将取得的金融资产在初始确认时分为以下几类：(1)以公允价值计量且其变动计入当期损益的金融资产；(2)持有至到期投资；(3)贷款和应收款项；(4)可供出售金融资产。其中以公允价值计量且其变动计入当期损益的金融资产可以进一步分为交易性金融资产和直接指定为以公允价值计量且其变动计入当期损益的金融资产。上述分类一经确定，不得随意变更。

第一节　交易金融资产

一、交易性金融资产概述

交易性金融资产主要是指企业为了近期内出售而持有的股票投资、债券投资、基金投资等，其公允价值的变动损益计入当期损益。

为了核算交易性金融资产的取得、收取现金股利或利息、处置等业务，企业应当设置"交易性金融资产""公允价值变动损益""投资收益"等科目。

"交易性金融资产"科目核算企业为了交易目的所持有的债券投资、股票投资、基金投资等交易性金融资产的公允价值。企业应当按照交易性金融资产的类别和品种，分别设置"成本""公允价值变动"等明细科目进行核算。其中"成本"明细科目用于核算交易性金融资产的初始投资成本。"公允价值变动"明细科目用于核算交易性金融资产持有期间公允价值的增减变动额。

"公允价值变动损益"科目核算企业交易性金融资产等公允价值变动形成的应计入当期损益的利得或损失。借方登记期末企业持有的交易性金融资产等的公允价值低于账面价值的差额，贷方登记期末企业持有的交易性金融资产等的公允价值高于账面价值的差额。期末应将本科目的余额转入"本年利润"科目，结转后本科目无余额。

"投资收益"科目核算企业持有交易性金融资产等期间取得的股利、利息等收益，以及处置交易性金融资产等实现的投资收益或投资损失。借方登记企业出售交易性金融资产等发生的投资损失，贷方登记企业持有交易性金融资产期间取得的股息收益及出售交易性金融资产等实现的收益等。期末应将本科目余额转入"本年利润"科目，结转后本科目无余额。

二、交易性金融资产的取得

企业购入股票作为交易性金融资产时，应按其取得时的公允价值作为初始投资成本，记入"交易性金融资产——成本"科目。取得交易性金融资产时所发生的相关交易费用应当记入"投资收益"科目，不计入交易性金融资产的初始投资成本。若取得交易性金融资产所支付价款中包含已宣告但尚未发放的现金股利，应当记入"应收股利"科目。

已宣告但尚未发放的现金股利是指企业购入股票时，被投资单位已宣告分派但尚未发放，购入股票后才发放的现金股利。该应收股利不得计入交易性金融资产的成本，应作为"应收股利"单独核算。例如甲公司2012年3月15日购入乙上市公司股票50000股，作为交易性金融资产,每股买价 10 元,实际支付 50 万元。乙上市公司已于 3 月 5 日宣告分派 2011 年现金股利,每股 1 元,实际支付日为 4 月 5 日。则甲公司购入股票的成本应为 45 万元,应收股利 5 万元不得计入股票投资成本。

交易性金融资产初始投资成本=买价-宣而未付的股利。

账务处理如下:

借:交易性金融资产——成本

　投资收益

　应收股利

　贷:银行存款

【例 1】甲公司 2012 年 3 月 15 日购入乙上市公司股票 50000 股,作为交易性金融资产,每股买价 10 元,买价 50 万元,手续费 1 万元,实际支付 51 万元。乙上市公司已于 3 月 5 日宣告分派 2011 年现金股利,每股 1 元,实际支付日为 4 月 5 日。

甲公司会计处理如下:

①2012 年 3 月 15 日购入股票时:

借:交易性金融资产——成本　450000

　投资收益　10000

　应收股利　50000

　贷:银行存款　510000

②4 月 5 日收到股利时:

借:银行存款　50000

　贷:应收股利　50000

【例 2】甲公司 2012 年 4 月 15 日购入乙上市公司股票 50000 股,作为交易性金融资产,每股买价 10 元,买价 50 万元,手续费 1 万元,实际支付 51 万元。

甲公司会计处理如下:

借:交易性金融资产——成本　500000

　投资收益　10000

　贷:银行存款　510000

三、交易性金融资产的现金股利

交易性金融资产持有期间被投资单位宣告发放的现金股利,应在实际收到时,计入投资收益。

【例 3】甲公司 2012 年 12 月 15 日购入乙上市公司股票 20000 股, 作为交易性金融资产,每股买价 15 元,买价 300000 元,手续费 5000 元,实际支付 305000 元。乙上市公司于 2013 年 2 月 5 日宣告分派 2012 年现金股利,每股 2 元,实际支付日为 3 月 5 日。

甲公司账务处理如下:

①2012 年 12 月 15 日购入股票时:

借:交易性金融资产——成本　300000

投资收益　　5000

贷：银行存款　　305000

②2013 年 3 月 5 日收到股利时：

借：银行存款　　40000

贷：投资收益　　40000

需要说明的是，对于交易性金融资产持有期间被投资单位宣告分派的现金股利，投资企业在宣告时可不做账务处理，实际收到时做账务处理。

四、交易性金融资产的期末计量

资产负债表日，交易性金融资产应当按照公允价值计量，公允价值与账面余额之间的差额计入当期损益。公允价值高于其账面余额的差额，借记“交易性金融资产——公允价值变动”科目，贷记“公允价值变动损益”科目；公允价值低于其账面余额的差额做相反的会计分录。

【例 4】某公司 2012 年 2 月 25 日购入 A 公司股票 100000 股，作为交易性金融资产，每股买价 3 元，相关税费 10000 元。2 月末 A 公司股票每股市价为 3.4 元。3 月 1 日 A 公司宣告分派上年股利，每股 0.5 元，3 月 15 日支付。3 月 31 日 A 公司股票每股市价 3.1 元。

该公司相关账务处理如下：

①2 月 25 日购入股票：

借：交易性金融资产——成本　　300000

投资收益　　10000

贷：银行存款　　310000

②2 月末公允价值变动：

账面价值=300000（元）

公允价值=100000×3.4=340000（元）

公允价值增加额=340000−300000=40000（元）

借：交易性金融资产——公允价值变动　　40000

贷：公允价值变动损益　　40000

③3 月 15 日收到股利：

借：银行存款　　50000

贷：投资收益　　50000

④3 月末公允价值变动：

账面价值=340000（元）

公允价值=100000×3.1=310000（元）

公允价值减少额=310000−340000=−30000（元）

借：公允价值变动损益　　30000

贷：交易性金融资产——公允价值变动　　30000

五、交易性金融资产的处置

出售交易性金融资产,应按实际收到的金额,借记“银行存款”科目,按该资产的账面余额,贷记“交易性金融资产”科目,按其差额,贷记或借记“投资收益”科目。同时,将该资产原确认的公允价值变动损益转出,借记或贷记“公允价值变动损益”科目,贷记或借记“投资收益”科目。

【例5】甲公司2012年1月10日购入C公司股票20000股,作为交易性金融资产,实际支付价款150000元,其中买价142000元,手续费8000元。1月31日C公司股票每股市价8.5元。2月6日甲公司将持有的C公司股票全部出售,每股售价9.2元,另付手续费4000元。

甲公司相关账务处理如下:

①1月10日购入股票时:

借:交易性金融资产——成本　　142000

　投资收益　　8000

　贷:银行存款　　150000

②1月31日公允价值变动:

账面价值=142000(元)

公允价值=20000×8.5=170000(元)

公允价值增加额=170000-142000=28000(元)

借:交易性金融资产——公允价值变动　　28000

　贷:公允价值变动损益　　28000

③2月6日出售时:

出售实收款=20000×9.2-4000=180000(元)

出售时账面价值=170000(元)

出售损益=180000-170000=10000(元)

借:银行存款　　180000

　贷:交易性金融资产——成本　　142000

　　　　——公允价值变动　　28000

　　投资收益　　10000

同时:

借:公允价值变动损益　　28000

　贷:投资收益　　28000

【例6】甲公司2012年6月4日购入D公司股票50000股,作为交易性金融资产,实际支付价款250000元,其中买价246000元,手续费4000元。买价中包含已宣告发放尚未支付的股利6000元。6月30日D公司股票每股市价5元。7月31日D公司股票每股市价4元。8月2日甲公司将所持有的D公司股票出售30000股,每股售价4.1元,另付手续费1000元。8月31日D公司股票每股市价4.4元。

甲公司相关账务处理如下：

①6 月 4 日购入股票：

初始投资成本=246000-6000=240000(元)

借：交易性金融资产——成本 240000

应收股利 6000

投资收益 4000

贷：银行存款 250000

②6 月 30 日公允价值变动：

账面价值=240000(元)

公允价值=50000×5=250000(元)

公允价值增加额=250000-240000=10000(元)

借：交易性金融资产——公允价值变动 10000

贷：公允价值变动损益 10000

③7 月 31 日公允价值变动：

账面价值=250000(元)

公允价值=50000×4=200000(元)

公允价值减少额=200000-250000=-50000(元)

借：公允价值变动损益 50000

贷：交易性金融资产——公允价值变动 50000

④8 月 2 日出售股票时：

出售实收款=30000×4.1-1000=12000(元)

出售时账面价值=$\frac{240000-40000}{50000}$×30000=120000(元)

出售损溢=122000-120000=2000(元)

应结转公益价值变动损溢=$\frac{-40000}{50000}$×30000=-24000(元)

借：银行存款 122000

交易性金融资产——公允价值变动 24000

贷：交易性金融资产——成本 144000

投资收益 2000

同时：

借：投资收益 24000

贷：公允价值变动损益 24000

⑤8 月 31 日确认公允价值变动损益时：

账面价值=20000×4=80000(元)

公允价值=20000×4.4=88000(元)

公允价值增加额=88000-80000=8000(元)

借:交易性金融资产——公允价值变动　　8000

　贷:公允价值变动损益　　　　　　　　8000

第二节　持有至到期投资

持有至到期投资是指企业取得时即被指定为准备持有至到期收回本息，到期前不准备转让的债券投资。为了进行持有至到期投资资产的核算，企业应设置"持有至到期投资"科目，该科目可按持有至到期投资的类别和品种，分别对"成本""利息调整""应计利息"等进行明细核算。下面说明按面值购入债券的持有至到期投资的核算。

一、持有至到期投资的取得

企业取得的持有至到期投资，应按该投资的面值，借记"持有至到期投资——成本"科目；按实际支付的金额，贷记"银行存款"。

【例7】甲公司2008年1月1日购入国库券2000张，作为持有至到期投资。国库券为同日按面值发行债券，面值100元，票面利率为12%，5年期，到期还本付息。甲公司实际支付200000元，不考虑相关税费。

甲公司应做如下会计处理：

借:持有至到期投资——成本　　200000

　贷:银行存款　　　　　　　　200000

二、持有至到期投资的计息

资产负债到期表日，持有至到期投资为分期付息、到期还本债券投资的，应按票面利率计算确定应收未收利息，借记"应收利息"科目，同时贷记"投资收益"科目。

资产负债表日，持有至到期投资为到期还本付息债券投资的，应按票面利率计算确定应收未收到期利息，借记"持有至到期投资——应计利息"科目，同时贷记"投资收益"科目。

【例8】承【例7】甲公司2008年12月31日应确认本年度债券投资利息200000×12%=24000(元)。做如下会计处理：

借:持有至到期投资——应计利息　　24000

　贷:投资收益　　　　　　　　　　24000

三、持有至到期投资的收回

持有至到期投资到期收回本息，应按实际收到的金额，借记"银行存款"科目；按债券投资的面值，贷记"持有至到期投资——成本"科目；按收回的债券投资利息，贷记"持有至到期投资——应计利息"科目或"应收利息"科目。

【例9】承【例7】2013年1月1日国库券到期，甲公司收回本息，应做如下会计处理：

借:银行存款　　　　　　　　　320000

　贷:持有至到期投资——成本　　　200000

应计利息　　120000

【例10】乙公司2012年5月1日购入丙公司同日按面值发行的债券1000张，作为持有至到期投资。丙公司债券面值为100元，票面利率为12%，2年期，到期还本，每年5月1日付息。乙公司实际支付价款100000元。

乙公司应做如下相关会计处理：

①2012年5月1日购入债券时：

借：持有至到期投资——成本　　100000

　贷：银行存款　　100000

②2012年12月31日计提债券利息时：

应计提利息=100000×12%÷12×8=8000(元)

借：持有至到期投资——应计利息　　8000

　贷：投资收益　　8000

③2013年4月30日计提债券利息时：

应计提利息=100000×12%÷12×4=4000(元)

借：应收利息　　12000

　贷：投资收益　　4000

　　持有至到期投资——应计利息　　8000

④2013年5月1日收到利息时：

借：银行存款　　12000

　贷：应收利息　　12000

⑤2013年12月31日计提债券利息时：

应计提利息=100000×12%÷12×8=8000(元)

借：持有至到期投资——应计利息　　8000

　贷：投资收益　　8000

⑥2014年4月30日计提债券利息时：

借：应收利息　　12000

　贷：投资收益　　4000

　　持有至到期投资——应计利息　　8000

⑦2014年5月1日债券到期收回本息时：

借：银行存额　　112000

　贷：持有至到期投资——成本　　100000

　　应收利息　　12000

第三节　可供出售金融资产

可供出售金融资产是指取得时即被指定为可供出售的金融资产的股票投资、债券投资等，其公允价值变动损益不计入当期损益，计入资本公积。企业应设置“可供出售金融资产”

科目,核算可供出售金融资产的公允价值。该科目核算按可供出售金融资产的类别和品种,分别对“成本”“利息调整”“应计利息”“公允价值变动”等进行明细核算。

一、可供出售金融资产的取得

企业取得可供出售金融资产为股票投资,应按其公允价值与交易费用之和,借记“可供出售金融资产——成本”科目;按支付的价款中包含的已宣告但尚未发放的现金股利,借记“应收股利”科目;按实际支付的金额,贷记“银行存款”科目。

企业取得的可供出售的金融资产为按面值购入的债券投资,应按债券的面值,借记“可供出售金融资产——成本”;按支付的价款中包含的已到付息期但尚未领取的利息,借记“应收利息”科目;按实际支付的金额,贷记“银行存款”。

【例 11】甲公司 2012 年 2 月 20 日购入乙公司股票 20000 股,作为可供出售的金融资产。实际支付价款 320000 元,其中买价 300000 元,已宣告但尚未发放的现金股利 18000 元,手续费 2000 元。2 月 25 日甲公司收到乙公司支付的股利。

甲公司应做如下会计处理:

①2012 年 2 月 20 日购入股票时:

借:可供出售金融资产——成本　　302000
　应收股利　　18000
　贷:银行存款　　320000

②2012 年 2 月 25 日收到现金股利时:

借:银行存款　　18000
　贷:应收股利　　18000

【例 12】甲公司 2012 年 1 月 1 日购入丙公司同日按面值发行的债券 2000 张,作为可供出售金融资产。实际支付价款 200000 元。丙公司债券为面值 100 元,票面利率为 9%,期限为 3 年,到期还本,每年 1 月 1 日付息。甲公司应做如下会计处理:

借:可供出售金融资产——成本　　200000
　贷:银行存款　　200000

二、可供出售金融资产的计息

资产负债表日,可供出售债券为面值购入分期付息,到期还本债券投资的,应按票面利率计算确定的应收到期利息,借记“应收利息”科目;同时贷记“投资收益”科目。

可供出售债券为按面值购入、到期还本付息债券投资的,应按票面利率计算确定的应收未到期利息,借记“可供出售金融资产——应计利息”科目;同时贷记“投资收益”科目。

【例 13】承【例 12】2007 年末甲公司应计提债券利息 18000 元(200000×9%)利息。

甲公司应做如下会计处理:

①2012 年 12 月 31 日计提债券利息时:

借:应收利息　　18000
　贷:投资收益　　18000

②2013 年 1 月 1 日收到债券利息时：

借：银行存款　　18000

　贷：应收利息　　18000

三、可供出售金融资产的期末计量

资产负债表日，可供出售金融资产应按公允价值计量。可供出售金融资产的公允价值高于其账面余额的差额，应按其差额借记"可供出售金融资产——公允价值变动"科目；同时贷记"资本公积——其他资本公积"科目。公允价值低于其账面余额的差额做相反的会计分录。

【例 14】承【例 11】若乙公司股票 2012 年 3 月 31 日每股市价为 14 元；6 月 30 日每股市价为 16 元。

甲公司应做如下会计处理：

①2012 年 3 月 31 日确认公允价值变动损益时：

公允价值变动损失=20000×14-302000=22000(元)

借：资本公积——其他资本公积　　22000

　贷：可供出售金融资产——公允价值变动　　22000

②2012 年 6 月 30 日确认公允价值变动损益时：

公允价值变动收益=20000×16-(302000-22000)=40000(元)

借：可供出售金融资产——公允价值变动　　40000

　贷：资本公积——其他资本公积　　40000

四、可供出售金融资产的处置

出售可供出售的金融资产，应按实际收到的金额，借记"银行存款"科目；按可供出售金融资产的账面余额，贷记"可供出售金融资产"科目；按其差额，借记或贷记"投资收益"科目。同时按原计入资本公积中的公允价值累计变动额，借记"资本公积——其他资本公积"科目，贷记"投资收益"科目；或做相反的会计分录。

【例 15】承【例 14】2013 年 7 月 5 日甲公司将所持有的乙公司股票全部出售，每股售价 17 元，手续费 3000 元，实际收回 337000 元。甲公司应做如下会计处理：

借：银行存款　　337000

　贷：可供出售金融资产——成本　　302000

　　　　　　　　　　——公允价值变动　　18000

　　投资收益　　17000

同时：

借：资本公积——其他资本公积　　18000

　贷：投资收益　　18000

第三讲 长期股权投资的核算

第一节 概 述

一、长期股权投资的概念

长期股权投资包括企业持有的对其子公司、合营企业及联营企业的权益性投资,以及企业持有的对被投资单位不具有控制、共同控制或重大影响,且在活跃广场中没有报价、公允价值不能可靠计量的权益性投资。

企业能够对被投资单位实施控制的,被投资单位为本企业的子公司。控制,是指有权决定一个企业的财务和经营政策,并能据此从该企业的经营活动中获取利益。

企业与其他方对被投资单位实施共同控制的,被投资单位为本企业的合营企业。共同控制,是指按照合同约定对某项经济活动所共有的控制。

企业能够对被投资单位施加重大影响的,被投资单位为本企业的联营企业。重大影响,是指对一个企业的财务和经营政策有参与决策的权力,但并不能够控制或者与其他方一起共同控制这些政策的制定。

二、长期股权投资的核算方法

长期股权投资的核算方法有两种,一种是成本法,一种是权益法。

1.成本法的适用范围

(1)企业持有的对子公司的投资。

(2)对被投资单位不具有共同控制或重大影响,且在活跃市场中没有报价、公允价值不能可靠计量的长期股权投资。

2.权益法的适用范围

(1)对合营企业的投资。

(2)对联营企业的投资。

第二节 长期股权投资的成本法

一、成本法的概念

长期股权投资成本法是指“长期股权投资”账户从取得股权至处置期间均按股权投资的初始投资成本计量。股权持有期间,“长期股权投资”账户账面价值保持不变,所获得的股利,直接计入投资收益。

二、长期股权投资初始投资成本的确定

除企业合并形成的长期股权投资以外,以支付现金取得的长期股权投资,应当按照实际支付的购买价款作为初始投资成本。企业所发生的与取得长期股权投资直接相关的费用、税金及其他必要支出应计入长期股权投资的初始投资成本。实际支付的价款中包含的已宣告但尚未发放的现金股利或利润,作为应收股利处理,不构成长期股权投资的成本。

三、购入长期股权投资

为了核算企业的长期股权投资,企业应当设置"长期股权投资"等科目。在成本法下,该科目应按投资单位设置明细科目,进行明细核算。

购入长期股权投资时,应按照其初始投资成本,借记"长期股权投资"科目;按照已宣告尚未发放的现金股利或利润,借记"应收股利"科目;按实际支付的价款,贷记"银行存款"科目。

【例 1】甲公司 2012 年 1 月 10 日购入长信股份有限公司股票 1260000 股,准备长期持有,作为长期股权投资。每股买价 6 元,甲公司另付相关税费 50000 元,款已付。甲公司持有长信股份有限公司 70%的股份,对长信公司实施控制。

甲公司应做如下会计处理:

长期股权投资初始投资成本=1260000×6+50000=7610000(元)

借:长期股权投资——长信股份　　　　7610000

　贷:银行存款　　　　　　　　　　　　　7610000

四、长期股权投资持有期间被投资单位宣告发放现金股利或利润

长期股权投资持有期间,被投资单位宣告发放现金股利或利润时,企业按应享有的部分确认为投资收益,借记"应收股利"科目,贷记"投资收益"科目。若该应收股利属于被投资单位在取得本企业投资前实现净利润的分配额,应作为投资成本的收回,借记"应收股利"科目,贷记"长期股权投资"科目。

【例 2】甲公司 2012 年 1 月 15 日购入诚信股份有限公司的股票 1200000 股,作为长期投资,每股买价 10 元,另付相关税费 20000 元。甲公司持有诚信公司 60%的股份,对诚信公司实施控制。5 月 15 诚信公司宣告发放 2011 年现金股利,每股 0.2 元,5 月 28 日支付。2012 年诚信股份有限公司实现净利润 5000000 元。2013 年 5 月 10 日宣告分派 2012 年现金股利,每股 1 元,5 月 25 日支付。

甲公司应做如下相关会计处理:

①2012 年 1 月 15 日购入长期股权投资时:

长期股权投资初始投资成本=1200000×10+20000=12020000(元)

借:长期股权投资——诚信公司　　　12020000

　贷:银行存款　　　　　　　　　　　　　12020000

②2012 年 5 月 15 日宣告发放现金股利时：

借：应收股利　　　　240000

　贷：长期股权投资　　　　240000

③2012 年 5 月 28 日收到股利时：

借：银行存款　　　　240000

　贷：应收股利　　　　240000

④2013 年 5 月 10 日宣告分派现金股利时：

借：应收股利　　　　1200000

　贷：投资收益　　　　1200000

⑤2013 年 5 月 25 日收到股利时：

借：银行存款　　　　1200000

　贷：应收股利　　　　1200000

五、长期股权投资的处置

处置长期股权投资，应按实际收到的金额，借记“银行存款”科目，按长期股权投资的账面余额，贷记“长期股权投资”科目；按尚未领取的现金股利或利润，贷记“应收股利”科目，按其差额，贷记或借记“投资收益”科目。

【例 3】甲公司 2011 年 3 月购入乙公司 10%的股份，准备长期持有。实际支付价款 30 万元。乙公司股份未上市交易。2012 年 4 月甲公司收到乙公司分派的 2011 年现金股利 2 万元。2013 年 1 月甲公司将所持有乙公司股份转让，实际收回 45 万元。

甲公司应做如下会计处理：

①2011 年 3 月购入股份时：

借：长期股权投资——乙公司　　　　300000

　贷：银行存款　　　　300000

②2012 年 4 月收到现金股利时：

借：银行存款　　　　20000

　贷：投资收益　　　　20000

③2013 年 1 月转让股份时：

借：银行存款　　　　450000

　贷：长期股权投资——乙公司　　　　300000

　　　投资收益　　　　150000

第三节　长期股权投资权益法

一、权益法概念

长期股权投资权益法是指“长期股权投资”账户按股权投资的权益价值计量。股权持有期间，因股权投资的权益价值不断发生增减变动，企业应不断调整“长期股权投资”账户的账面价值。股权的权益价值是指被投资单位以公允价值计量的可辨认净资产中属于投资企业的份额，即被投资单位以公允价值计量的可辨认所有者权益×投资企业的持股比例。例如，2012 年 1 月甲公司购入乙公司 40%股权，2012 年 1 月 1 日乙公司所有者权益的公允价值为 2000 万元，则甲公司所购股权的权益价值为 800 万元。

二、取得长期股权投资

为了进行长期股权投资的核算，企业应设置“长期股权投资”科目。在权益法下，该科目应设置“成本”“损益调整”及“其他权益变动”明细科目，进行明细核算。

购入长期股权投资时，长期股权投资的初始投资成本大于投资时应享有的被投资单位可辨认净资产公允价值份额的，不调整已确认的初始投资成本。按初始投资成本，借记“长期股权投资——成本”科目，按已宣告发放但尚未支付的现金股利，借记“应收股利”科目，按实际支付的价款，贷记“银行存款”科目。若投资成本小于投资时应享有被投资单位可辨认净资产公允价值份额的，应调整初始投资成本。按投资时应享有被投资单位可辨认净资产公允价值份额，借记“长期股权投资——成本”科目；按已宣告发放但尚未支付的现金股利，借记“应收股利”科目，按实际支付的价款，贷记“银行存款”科目，按其差额，贷记“营业外收入”科目。

【例 4】甲公司 2012 年 1 月 20 日购入东方股份有限公司的股票 5000000 股，准备长期持有，占东方股份有限公司股份的 30%，对东方公司具有重大影响。每股买入价 6 元，另付相关税费 500000 元，款已付。2012 年 1 月 1 日东方股份有限公司的所有者权益的账面价值(与其公允价值相同)100000000 元。

甲公司应做如下会计处理：

初始投资成本=5000000×6+500000=30500000(元)

购入时该股权的权益价值=100000000×30%=30000000(元)

借：长期股权投资——东方股份(成本)　　30500000

　贷：银行存款　　30500000

若东方股份有限公司 2012 年 1 月 1 日所有者权益的账面价值（与其公允价值相同)为 110000000 元，则购入时该股权的权益价值为 33000000 元(110000000×30%)，大于初始投资成本 30500000 元。则甲公司购入股份时应做如下会计分录：

借：长期股权投资——东方股份(成本)　　33000000

　贷：银行存款　　30500000

　　营业外收入　　2500000

三、持有长期股权投资期间被投资单位实现净利润或发生净亏损

股权持有期间，被投资企业经营实现利润，会引起所有者权益增加，投资企业应随之调增股权权益价值。反之被投资企业经营业发生亏损，会导致所有者权益减少，投资企业应随之调减股权权益价值。被投资企业分配股利时，会引起所有者权益减少，投资企业也应随之调减股权的权益价值。

根据被投资单位实现的净利润计算应享有的份额，借记“长期股权投资——损益调整”科目，贷记“投资收益”科目。被投资单位发生净亏损做相反的会计分录，但以本科目的账面价值减记至零为限。

被投资单位以后宣告发放现金股利或利润时，企业计算应分得的部分，借记“应收股利”科目，贷记“长期股权投资——损益调整”科目。实际收到股利时，借记“银行存款”科目，贷记“应收股利”科目。

【例 5】承【例 4】2012 年东方公司实现净利润 1000 万元。甲公司应确认投资收益 3000000 元(10000000×30%)。2013 年 5 月 15 日，东方公司宣告发放 2012 年现金股利，每 10 股派 3 元，甲公司可收到 1500000 元。2013 年 6 月 15 日甲公司收到东方公司支付的现金股利。

甲公司应做如下相关会计处理：

①2012 年末损益调整时：

借：长期股权投资——东方公司(损益调整)　　3000000

　贷：投资收益　　3000000

②2013 年 5 月 15 日宣告发放现金股利时：

借：应收股利　　1500000

　贷：长期股权投资——东方公司(损益调整)　　1500000

③2013 年 6 月 15 日收到股利时：

借：银行存款　　1500000

　贷：应收股利　　1500000

四、长期股权投资的处置

处置长期股权投资时，按实际收到的价款，借记“银行存款”科目，按处置时长期股权投资的账面价值，贷记“长期股权投资”科目；按尚未领取的现金股利或利润，贷记“应收股利”科目，按其差额，贷记或借记“投资收益”科目。

【例 6】承【例 4】和【例 5】2013 年东方公司发生净亏损 400 万元。2014 年 1 月甲公司将所持有的东方股份有限公司股份转让，实际收回 3500 万元。

甲公司应做如下相关会计处理：

①2013 年末损益调整时：

借：投资收益　　1200000

　贷：长期股权投资——东方公司(损益调整)　　1200000

②2012 年 1 月转让股份时：

借：银行存款　　35000000

　贷：长期股权投资——东方股份(成本)　　30500000

　　　　　　　　——东方股份(损益调整)　　1800000

　　投资收益　　2700000

第四讲　收入的核算

第一节　销售商品收入的核算

一、收入的概念和特征

收入是指企业在日常活动中形成的、会导致所有者权益增加的、与所有者投入资本无关的经济利益总流入。

收入具有以下特点：

1.收入是企业在日常活动中形成的经济利益的总流入

日常活动，是指企业为完成其经营目标所从事的经常性活动以及与之相关的活动。主要包括销售商品活动、提供劳务活动及让渡资产使用权活动。

非日常活动所形成的、会导致所有者权益增加的、与所有者投入资本无关的经济利益总流入，称为利得。在会计核算中，利得可分为直接计入所有者权益的利得、直接计入当期损益的利得。直接计入所有者权益的利得，通过“资本公积——其他资本公积”账户核算；直接计入当期损益的利得，通过“营业外收入”账户核算。

2.收入会导致所有者权益的增加

收入形成的经济利益总流入，既可表现为资产的增加，如增加银行存款、应收账款；也可能表现为负债的减少，如减少预收账款；还可能表现为两者的组合，如销售实现时，部分冲减预收账款，部分增加银行存款。即确认收入的同时，应确认增加的资产或减少的负债，根据“资产-负债=所有者权益”的会计等式，收入一定能增加所有者权益。

3.收入与所有者投入资本无关

所有者投入资本主要是为谋求享有企业资产的剩余权益，由此形成的经济利益的总流入不构成收入，而应确认为企业所有者权益的组成部分。

二、采用支付手续费方式委托代销商品的处理

采用支付手续费代销方式下，委托方在发出商品时，通常不应确认销售商品收入，而应在收到受托方开出的代销清单时确认销售商品收入，同时将应支付的代销手续费计入销售费用；受托方应在代销商品后，按合同或协议约定的方法计算确定代销手续费，确认劳务收入。

（一）委托方的会计处理

委托方应设置“支出”账户，核算委托代销商品的成本；收到代销清单后，确认收入时将其转入主营业务成本。

委托方发出商品时，应按发出商品的成本，借记“发出”科目，贷记“库存商品”科目。收到

代销清单时,按合同或协议约定的价值,借记“应收账款”科目,贷记“主营业务收入”科目及“应缴税费——应缴增值税(销项税额)”科目。按已销商品的成本,借记“主营业务成本”科目,贷记“发出商品”科目。按合同或协议约定的手续费,借记“销售费用”科目,贷记“应收账款”科目。

(二)受托方的会计处理

受托方应设置“受托代销商品”“受托代销商品款”科目,对受托代销商品进行核算。

受托方收到代销商品时,按合同或协议约定的售价,借记“受托代销商品”科目,贷记“受托代销商品款”科目。对外销售时,受托方不应确认销售商品收入,但按税法的规定,受托代销商品应视同销售,计缴增值税。按实际收款额,借记“银行存款”科目,贷记“受托代销商品”科目及“应缴税费——应缴增值税(销项税额)”科目;同时结转受托代销商品款,借记“受托代销商品款”科目,贷记“应付账款”科目。受托方收到委托方开出的增值税专用发票时,应按可予抵扣的增值税,借记“应缴税费——应缴增值税(进项税额)”科目,贷记“应付账款”科目。受托方确认代销手续费收入时,应借记“应付账款”科目,贷记“主营业务收入”科目或“其他业务收入”科目。

【例 1】2012 年 11 月,甲公司委托丙公司销售商品 200 件,商品已经不含税发出,每件成本 60 元。合同约定丙公司应按每件 100 元(不含增值税)对外销售,甲公司按售价的 10%向丙公司支付手续费。当月丙公司对外实际销售 100 件,售价 10000 元,增值税 1700 元,款已收到。甲公司收到丙公司开具的代销清单后, 向丙公司开具一张相同金额的增值税专用发票。

甲公司应做如下相关会计处理:

①发出商品时:

借:发出商品　　12000

　贷:库存商品　　12000

②收到代销清单时:

借:应收账款　　11700

　贷:主营业务收入　　10000

　　应缴税费——应缴增值税(销项税额)　　1700

借:主营业务成本　　6000

　贷:发出商品　　6000

借:销售费用　　1000

　贷:应收账款　　1000

三、商业折扣、现金折扣和销售折让的处理

(一)商业折扣的处理

商业折扣是指企业为促进商品销售而在商品标价上给予的价格扣除。例如,企业为鼓励客户多买商品规定,购买 10 件以上商品给予 10%的折扣,或客户每买 10 件送 1 件。商业折

扣在销售时即已发生，并不构成最终成交价格的一部分。企业销售商品涉及商业折扣的，应当按照扣除商业折扣后的金额确定销售商品收入金额。

【例 2】甲公司为增值税一般纳税企业。2012 年 10 月 15 日销售产品 10000 件，每件商品标价 20 元(不含增值税)。由于是批量销售，甲公司给予购货方 10%的商业折扣。该商品增值税率为 17%。款尚未收到。该批商品成本为 150000 元。甲公司会计处理如下：

应确认销售商品收入=10000×20×(1-10%)=180000(元)

增值税销售税额=180000×17%=30600(元)

借：应收账款	210600	
贷：主营业务收入		200000
应缴税费——应缴增值税(销项税额)		30600
借：主营业务成本	150000	
贷：库存商品		150000

(二)现金折扣

现金折扣是指债权人为鼓励债务人在规定的期限内付款而向债务人提供的债务扣除。现金折扣一般用符号“折扣率/付款期限”表示，例如，“2/10，1/20，N/30”表示：销货方允许客户最长的付款期限为 30 天，如果客户在 10 天内付款，可享受 2%的折扣；如果客户在 20 天内付款，可享受 1%的折扣；如果客户在 21 天后付款，将不能享受折扣。

现金折扣发生在销售商品之后，企业销售商品后现金折扣是否发生以及发生多少要视买方的付款情况而定，企业在确认销售商品收入时不能确定现金折扣金额。因此，企业销售商品涉及现金折扣的，应当按照不扣除现金折扣的金额确定销售商品收入的金额。现金折扣实际上是企业为了尽快回笼资金而发生的理财费用，应在实际发生时计入当期财务费用。

在计算现金折扣时，应注意销售方是按不包含增值税的价款提供现金折扣，还是按包含增值税的价款提供现金折扣，两种情况下购买方享有的折扣金额不同。例如，销售价格为 1000 元的商品，增值税销项税额为 170 元，购买方享有的现金折扣为 1%。如果购销双方约定计算现金折扣时不考虑增值税，则购买方应享有的现金折扣金额为 10 元；如果购销双方约定按含税价计算现金折扣，则购买方享有的现金折扣金额为 11.7 元。

【例 3】甲公司为增值税一般纳税企业。2012 年 10 月 6 日销售一批产品，价款 30000 元，增值税 5100 元。销售合同中规定的现金折扣条件为“2/10，1/20，N/30”。该批产品成本为 24000 元。若计算现金折扣时考虑增值税。甲公司会计处理如下：

①10 月 6 日销售产品时：

借：应收账款	35100	
贷：主营业务收入		30000
应缴税费——应缴增值税(销项税额)		5100
借：主营业务成本	24000	
贷：库存商品		24000

②若购货方于 10 月 16 日之前付款：

购货方享有的现金折扣=35100×2%=702(元)

实际收回金额=35100-702=34398(元)

借:银行存款　　34398

　财务费用　　702

　贷:应收账款　　35100

③若购货方于10月26日之前付款:

购货方享有的现金折扣=35100×1%=351(元)

实际收回金额=35100-351=34749(元)

借:银行存款　　34749

　财务费用　　351

　贷:应收账款　　35100

④若购货方于10月26日之后付款:

借:银行存款　　35100

　贷:应收账款　　35100

【例4】甲公司为增值税一般纳税企业。2012年9月5日销售A商品10000件,每件商品的标价为20元(不含增值税),每件商品的成本为12元,A商品增值税率为17%。销售合同中规定给予购货方10%的商业折扣,现金折扣条件为"3/0,2/10,1/20,N/40"。若计算现金折扣不考虑增值税。购货方于销售当日付款。甲公司会计处理如下:

销售商品收入=10000×20×(1-10%)=180000(元)

购货方享有的现金折扣=180000×3%=5400(元)

借:银行存款　　205200

　财务费用　　5400

　贷:主营业务收入　　180000

　　应缴税费——应缴增值税(销项税额)　　30600

借:主营业务成本　　120000

　贷:库存商品　　120000

(三)销售折让

销售折让是指企业因售出商品的质量不合格等原因而在售价上给予的减让。企业将商品销售给买方后,如买方发现商品在质量、规格等方面不符合要求,可能要求卖方在价格上给予一定的减让。

销售折让如发生在确认销售收入之前,则应在确认销售收入时直接按扣除销售折让后的金额确认;已确认销售收入之后,发生销售折让,应在发生时冲减当期销售商品收入,如按规定允许扣减增值税额的,还应冲减已确认的增值税销项税额。

【例5】甲公司为增值税一般纳税企业。2012年9月甲公司销售给乙公司一批商品,价款100000元,增值税17000元。该批商品成本为70000元,款未收到。10月货到后乙公司发现商品质量不合格,甲公司同意给予5%的折让。甲公司已开具了增值税专用发票(红字)。甲公司会计处理如下:

①9 月销售商品时：

借：应收账款　　117000

　贷：主营业务收入　　100000

　　　应缴税费——应缴增值税（销项税额）　　17000

借：主营业务成本　　70000

　贷：库存商品　　70000

②10 月发生销售折让时：

冲减销售商品收入=100000×5%=5000（元）

冲减增值税销项税额=5000×17%=850（元）

借：主营业务收入　　5000

　　应缴税费——应缴增值税（销项税额）　　850

　贷：应收账款　　5850

③实际收回款时：

借：银行存款　　111150

　贷：应收账款　　111150

四、销售退回的处理

销售退回如发生在确认销售收入之前，则不需进行账务处理；如发生在确认销售收入之后，一般应在发生时冲减当期销售商品收入，同时冲减当期销售商品成本，如按规定允许扣减增值税额的，应同时冲减已确认的增值税销项税额。如该项销售已发生现金折扣的，还应同时冲减已确认的财务费用。

【例 6】甲公司 2012 年 5 月 10 日销售一批商品给乙公司，价款 60000 元，增值税 10200 元，成本为 48000 元，款未收到。7 月乙公司因商品质量问题，将 50%的商品退回甲公司。甲公司开具了增值税专用发票（红字），商品已入库。甲公司会计处理如下：

①5 月销售商品时：

借：应收账款　　70200

　贷：主营业务收入　　60000

　　　应缴税费——应缴增值税（销项税额）　　10200

借：主营业务成本　　48000

　贷：库存商品　　48000

②7 月销售退回时：

借：主营业务收入　　30000

　　应缴税费——应缴增值税（销项税额）　　5100

　贷：应收账款　　35100

借：库存商品　　24000

　贷：主营业务成本　　24000

【例 7】甲公司 2012 年 3 月 18 日销售一批商品给丙公司，价款 50000 元，增值税 8500

元。该批商品成本26000元。为及早收回货款,甲公司与丙公司约定的现金折扣条件为:2/10,1/20,N/30。丙公司在2012年3月27日支付货款。2012年7月5日,该批商品因质量问题被丙公司退回,甲公司当日退款,并开具增值税专用发票(红字)。双方约定,计算现金折扣时不考虑增值税。甲公司会计处理如下:

①3月18日销售商品时:

借:应收账款　　58500

　贷:主营业务收入　　50000

　　应缴税费——应缴增值税(销项税额)　　8500

借:主营业务成本　　26000

　贷:库存商品　　26000

②3月27日收款时:

借:银行存款　　57500

　财务费用　　1000

　贷:应收账款　　58500

③7月5日销售退回时:

借:主营业务收入　　50000

　应缴税费——应缴增值税(销项税额)　　8500

　贷:银行存款　　57500

　　财务费用　　1000

借:库存商品　　26000

　贷:主营业务成本　　26000

五、采用预收款方式销售商品的处理

预收款销售方式下,销售方通常应在发出商品时确认收入,在此之前的预收货款应确认为负债。企业应设置"预收账款"科目,核算预收货款的取得、偿付等情况。但预收款项情况不多的企业,也可不设置"预收账款"科目,将预收款的款项直接记入"应收账款"科目的贷方。

【例8】2012年8月甲公司与丙公司签订协议,采用预收款方式向丙公司销售一批商品,价款800000元,增值税136000元。协议约定,丙公司在协议签订时预付60%的货款(不含增值税),剩余货款于2个月后收到商品后支付。该批商品成本为600000元。甲公司的会计处理如下:

①8月收到预收款时:

借:预收账款　　480000

　贷:银行存款　　480000

②10月发出商品,收到余款时:

借:预收账款　　480000

　银行存款　　456000

　贷:主营业务收入　　800000

应缴税费——应缴增值税(销项税额)　　　136000

借:主营业务成本　　　600000

贷:库存商品　　　600000

第二节　提供劳务收入的核算

一、在同一会计期间内开始并完成的劳务

对于一次就能完成的劳务,或在同一会计期间内开始并完成的劳务,应在提供劳务交易完成时确认收入,确认的金额通常为从接受劳务方已收或应收的合同或协议价款。

企业对外提供劳务,如属于企业的主营业务,所实现的收入应作为主营业务收入处理,结转的相关成本应作为主营业务成本处理;如属于主营业务以外的其他经营活动,所实现的收入应作为其他业务收入处理,结转的相关成本应作为其他业务成本处理。

对于一次就能完成的劳务,企业应在提供劳务完成时确认收入及相关成本。对于持续一段时间但在同一会计期间内开始并完成的劳务,提供劳务发生的支出一般先通过"劳务成本"科目予以归集,待确认费用时,再由"劳务成本"科目转入"主营业务成本"或"其他业务成本"科目。

"劳务成本"科目为成本类科目,余额一般在借方,表示尚未成劳务已发生的支出总额。该科目应按提供劳务的种类设置明细账,进行明细核算。

【例9】甲公司2012年3月10日接受一项设备安装任务,该安装任务可一次完成,合同总价款9000元,实际发生安装成本5000元,已通过银行支付。安装款已收,假定安装业务属于甲公司的主营业务。甲公司应在安装任务完成时做如下会计处理:

借:银行存款　　　9000

贷:主营业务收入　　　9000

借:主营业务成本　　　5000

贷:银行存款　　　5000

【例10】甲公司于2012年4月接受一项建筑任务,该建筑任务需3个月完成,合同总价款50000元。施工过程中发生的支出为:4月发生5000元,5月发生10000元,6月发生10000元,假定均以银行存款支付。6月建筑任务完成时收款。假定建筑业务不属于甲公司的主营业务。甲公司会计处理如下:

①4月发生支出时:

借:劳务成本　　　5000

贷:银行存款　　　5000

②5月发生支出时:

借:劳务成本　　　10000

贷:银行存款　　　10000

③6月发生支出时：

借：劳务成本　　10000

　贷：银行存款　　10000

④6月建筑任务完成时：

借：银行存款　　50000

　贷：其他业务收入　　50000

借：其他业务成本　　25000

　贷：劳务成本　　25000

二、劳务的开始和完成分属于不同的会计期间

（一）提供劳务交易结果能够可靠估计

1.概述

如劳务的开始和完成分属不同的会计期间，且在资产负债表日提供劳务交易的结果能够可靠估计的，应采用完工百分比法确认提供劳务收入。同时满足下列条件的，提供劳务交易结果能够可靠估计：

(1)收入的金额能够可靠地计量。指提供劳务收入的总额能够合理地估计，通常情况下，企业应当按照从接受劳务方已收或应收的合同或协议价款确定提供劳务收入的总额。

(2)相关的经济利益很可能流入企业。指提供劳务收入总额收回的可能性大于不能收回的可能性。通常情况下，企业提供的劳务符合合同或协议要求，接受劳务方承诺付款，就表明提供劳务收入总额收回的可能性大于不能收回的可能性，即提供劳务的相关经济利益很可能流入企业。

(3)交易的完工进度能够可靠地确定。企业可以根据提供劳务的特点，选用下列方法确定提供劳务交易的完工进度：

①已完工作的测量。指由专业测量师对已经提供劳务进行测量，并按一定方法计算确定提供劳务交易的完工程度。

②已经提供劳务占应提供劳务总量的比例。

劳务完工程度=已完成劳务量/劳务总量×100%。

③已经发生的成本占估计总成本的比例。

劳务完工程度=已发生成本/估计总成本×100%。

(4)交易中已发生和将发生的成本能够可靠地计量。指交易中已经发生的成本和将要发生的成本能够合理地估计。

2.采用完工百分比法确认劳务收入的会计处理

完工百分比法是指按照提供劳务交易的完工进度确认收入与费用的方法。

本期应确认收入=劳务总收入×本期劳务完工程度-以前期间已确认的收入，

本期应确认成本=劳务总成本×本期劳务完工程度-以前期间已确认的成本。

企业应设置“劳务成本”科目，归集提供劳务发生的各项支出；资产负债表日将本期应确认的劳务成本，转入“主营业务成本”或“其他业务成本”。

【例11】甲公司于2012年12月1日接受一项设备安装任务，安装期为3个月，合同总收入300000元，至2012年末已预收220000元，实际发生安装费用140000元(假定均为安装人员薪酬)，估计完成安装任务还需发生安装费用60000元。假定甲公司按已经发生的成本占估计总成本的比例确定劳务的完工进度，满足提供劳务交易结果能够可靠估计的其他确认条件。安装任务为甲公司的主营业务。甲公司会计处理如下：

①发生劳务成本时：

借：劳务成本　　140000

　贷：应付职工薪酬　　140000

②预收安装费用时：

借：银行存款　　220000

　贷：预收账款　　220000

③2012年末确认提供劳务收入时：

完工程度=140000÷(140000+60000)×100%=70%

应确认劳务收入=300000×70%-0=210000(元)

应确认劳务成本=(140000+60000)×70%-0=140000(元)

借：预收账款　　210000

　贷：主营业务收入　　210000

借：主营业务成本　　140000

　贷：劳务成本　　140000

【例12】某咨询公司于2012年7月1日与客户签订一项咨询合同。合同规定，咨询期为2年，咨询费为240000元，客户分三次等额支付，第一次在项目开始时支付，第二次在项目中期支付，第三次在项目结束时支付。估计总成本为160000元(假定均为咨询人员的薪酬)，其中2012年发生38000元，2013年发生80000元，2014年发生42000元。假定该公司按已提供劳务量占应提供劳务总量的比例确定该项劳务的完工程度，满足提供劳务交易结果能够可靠估计的其他确认条件。该公司会计处理如下：

①2012年实际发生劳务成本时：

借：劳务成本　　38000

　贷：应付职工薪酬　　38000

②2012年预收款时：

借：银行存款　　80000

　贷：预收账款　　80000

③2012年末确认提供劳务收入时：

完工程度=6÷24=25%

应确认收入=240000×25%-0=60000(元)

应确认成本=160000×25%-0=40000(元)

借：预收账款　　60000

　贷：主营业务收入　　60000

借:主营业务成本　　40000

　贷:劳务成本　　40000

④2013 年实际发生成本时:

借:劳务成本　　80000

　贷:应付职工薪酬　　80000

⑤2013 年预收款时:

借:银行存款　　80000

　贷:预收账款　　80000

⑥2013 年末确认劳务收入时:

完工程度=18÷24×100%=75%

应确认收入=240000×75%-60000=120000(元)

应确认成本=160000×75%-40000=80000(元)

借:预收账款　　120000

　贷:主营业务收入　　120000

借:主营业务成本　　80000

　贷:劳务成本　　80000

⑦2014 年实际发生成本时:

借:劳务成本　　42000

　贷:应付职工薪酬　　42000

⑧2014 年 7 月任务完工时:

应确认收入=240000-60000-120000=60000(元)

应确认成本=160000-40000-80000=40000(元)

借:银行存款　　80000

　贷:主营业务收入　　60000

　　预收账款　　20000

借:主营业务成本　　40000

　贷:劳务成本　　40000

(二)提供劳务交易结果不能可靠估计

如劳务的开始和完成分属于不同的会计期间，且企业在资产负债表日提供劳务交易结果不能可靠估计的,不能采用完工百分比法确认提供劳务收入。此时,应当正确预计已经发生的劳务成本能否得到补偿,分别按下列情况处理:

(1)已经发生的劳务成本预计全部能够得到补偿的,应按已收或预计能够收回的金额确认提供劳务收入,并结转已经发生的劳务成本。

(2)已经发生的劳务成本预计部分能够得到补偿的,应按能够得到补偿劳务成本金额确认提供劳务收入,并结转已经发生的劳务成本。

(3)已经发生的劳务成本预计全部不能得到补偿的,应将已经发生的劳务成本计入当期损益(主营业务成本或其他业务成本),不确认提供劳务收入。

【例 13】某公司于 2012 年 12 月 25 日接受乙公司委托，为其培训一批学员，培训期为 6 个月，2013 年 1 月 1 日开学。协议约定，乙公司支付培训费总额为 60000 元，分三次等额支付，第一次在开学时预付，第二次在 2013 年 3 月 1 日支付，第三次在培训结束时支付。2013 年 1 月 1 日乙公司预付第一次培训费。至 2013 年 2 月 28 日该公司发生培训成本 30000 元(假定均为培训人员薪酬)。2013 年 3 月 1 日该公司得知乙公司经营发生困难，后两次培训费能否收回难以确定。该公司会计处理如下：

①2013 年 1 月 1 日收到乙公司预付的培训费时：

借：银行存款　　20000

　贷：预收账款　　20000

②实际发生培训成本时：

借：劳务成本　　30000

　贷：应付职工薪酬　　30000

③2013 年 3 月确认劳务收入及成本时：

借：预收账款　　20000

　贷：主营业务收入　　20000

借：主营业务成本　　30000

　贷：劳务成本　　30000

第五讲　前期差错更正

一、前期差错的概念

前期差错，是指由于没有运用或错误运用下列两种信息，而对前期财务报表造成省略或错报：

(1)编报前期财务报表时预期能够取得并加以考虑的可靠信息。

(2)前期财务报告批准报出时能够取得的可靠信息。

前期差错通常包括以下方面：

(1)计算错误。例如，企业本期应计提折旧 5000 万元，但由于计算错误，实际计提 4500 万元。

(2)应用会计政策错误。例如，按准则规定，固定资产修理费应计入当期管理费用或销售费用，不得预提，也不得摊销，而企业对大修理费用采用预提方式进行核算。

(3)疏忽或曲解事实以及舞弊产生的影响。例如，按准则规定，企业销售商品，商品已经发出，开出增值税专用发票，应确认商品销售收入，但企业在期末未将已实现的销售收入确认入账。

(4)固定资产盘盈等。

二、前期差错的种类

前期差错按其重要性可分为重要的前期差错和不重要的前期差错。

重要的前期差错，是指足以影响财务报表使用者对企业财务状况、经营成果和现金流量做出正确判断的前期差错。一般来说，前期差错所影响的财务报表项目的金额大、性质严重的为重要前期差错。

不重要的前期差错，是指不足以影响财务报表使用者对企业财务状况、经营成果和现金流量做出正确判断的前期差错。

三、前期差错更正的会计处理

（一）不重要的前期差错的处理

对于不重要的前期差错，企业不需要调整财务报表相关项目的期初数，但应调整发现当期与前期相同的相关项目。属于影响损益的，应直接计入本期与上期相同的净损益项目，属于不影响损益的，应调整本期与前期相同的相关项目。

【例 1】某公司 2012 年末财务清查中发现盘盈一台电脑，经查，该电脑为 2011 年末购入，原值 3600 元，应采用年限平均法计提折旧，使用寿命为 4 年，净残值为 0，而该公司在购入时将其作为管理费用处理。该公司确认本差错为不重要的前期差错。则该公司 2012 年末发现该项差错时应做如下会计处理：

借：固定资产　　3600

　贷：累计折旧　　900

　　管理费用　　2700

该公司不需调整 2012 年初报表项目，也不需调整年初留存收益，调整差错发现年度 2012 年的报表相关项目。

（二）重要的前期差错的处理

对于重要的前期差错，企业应当在其发现当期的财务报表中，调整前期比较数据。如影响损益，应将其对损益的影响数调整发现当期的期初留存收益，财务报表其他相关项目的期初数也应一并调整；如不影响损益，应调整财务报表相关项目的期初数。

企业应设置“以前年度损益调整”账户，核算以前年度损益的变动。该账户借方反映以前年度利润的调减额；贷方反映以前年度利润的调增额；余额应转入未分配利润，用以调整前期留存收益。

【例 2】某公司 2012 年末发现，2011 年公司漏记一项固定资产折旧费用 150000 元。该公司按净利润的 10%计提取法定盈余公积，按净利润的 5%提取任意盈余公积。假定不考虑所得税影响。该公司确认本差错为前期的重要差错。

1.分析差错的影响数

2011 年少提折旧 150000 元；

少计累计折旧 150000 元；

多计净利润 150000 元；

多提法定盈余公积 150000×10%=15000 元；

多提任意盈余公积 150000×5%=7500 元；

多计未分配利润 150000-15000-7500=127500 元；

2.编制有关项目的调整分录

(1)补提折旧

借:以前年度损益调整　　150000

　贷:累计折旧　　150000

(2)调整盈余公积和未分配利润

借:盈余公积　　22500

　利润分配——未分配利润　　127500

　贷:以前年度损益调整　　150000

3.财务报表调整和重述

该公司 2012 年度资产负债表项目的年初数做如下调整：

调减"固定资产"项目 150000 元,调减盈余公积 22500 元,调减未分配利润 127500 元。

该公司 2007 年度利润表项目的上年数做如下调整：

管理费用调增 150000 元,营业利润调减 150000 元,净利润调减 150000 元。

四、前期差错更正的披露

企业应当在附注中披露与前期重大差错更正的有关下列信息：

(1)前期差错的性质；

(2)财务报表中受影响的项目名称和更正金额；

(3)无法进行追溯重述的,说明该事实和原因。

【例 3】承【例 2】,该公司应在 2012 年会计报表附注中做如下说明：

本年度发现 2011 年漏记固定资产折旧 150000 元,在编制 2012 年报表时,已对该项差错进行了更正。由于此项差错的影响,2011 年度虚增净利润及留存收益 150000 元,少计累计折旧 150000 元。

第六讲　现金流量表和所有者权益变动表

第一节　现金流量表

一、现金流量表概念

现金流量表是反映企业在一定会计期间现金和现金等价物流入和流出的报表。

现金是指企业库存现金以及可以随时用于支付的存款,包括库存现金、银行存款和其他货币资金等。不能随时用于支付的存款不属于现金。

现金等价物通常是指从购买日起3个月内到期的债券投资等。

二、现金流量的分类

现金流量,是指现金和现金等价物的流入和流出,可分为三大类,即经营活动产生的现金流量、投资活动产生的现金流量和筹资活动产生的现金流量。

(一)经营活动产生的现金流量

经营活动,是指企业投资活动和筹资活动以外的所有交易和事项,主要包括销售商品或提供劳务、购买商品或接受劳务、支付职工薪酬、支付各项税费、支付广告费等。

(二)投资活动产生的现金流量

投资活动,是指企业长期资产的购建和不包括在现金等价物范围内的投资及其处置活动,主要包括购建和处置固定资产、购买和处置无形资产、取得和收回投资等。

(三)筹资活动产生的现金流量

筹资活动,是指导致企业资本及债务规模和构成发生变化的活动,主要包括发行股票或接受投入资本、分派现金股利、取得和偿还银行借款、发行和偿还公司债券等。

三、现金流量表的填列方法

我国企业现金流量表采用报告式结构,格式如表3-1所示。

表3-1 现金流量表

编制单位: 年 月 单位:元

项目	本期金额	上期金额
一、经营活动产生的现金流量		
销售商品、提供劳务收到的现金		
收到的税费返还		
收到其他与经营活动有关的现金		
经营活动现金流入小计		
购买商品、接受劳务支付的现金		
支付给职工以及为职工支付的现金		
支付的各项税费		
支付其他与经营活动有关的现金		
经营活动现金流出小计		
经营活动产生的现金流量净额		
二、投资活动产生的现金流量		
收回投资收到的现金		

续表

项目	本期金额	上期金额
取得投资收益收到的现金		
处置固定资产、无形资产和其他长期资产收回的现金净额		
处置子公司及其他营业单位收到的现金净额		
收到的其他与投资活动有关的现金		
投资活动现金流入小计		
购建固定资产、无形资产和其他长期资产支付的现金		
投资支付的现金		
取得子公司及其他营业单位支付的现金净额		
支付其他与投资活动有关的现金		
投资活动现金流出小计		
投资活动产生的现金流量净额		
三、筹资活动产生的现金流量		
吸收投资收到的现金		
取得借款收到的现金		
收到其他与筹资活动有关的现金		
筹资活动现金流入小计		
偿还债务支付的现金		
分配股利、利润或偿付利息支付的现金		
支付其他与筹资活动有关的现金		
筹资活动现金流出小计		
筹资活动产生的现金流量净额		
四、汇率变动对现金及现金等价物的影响		
五、现金及现金等价物净增加额		
加:期初现金及现金等价物余额		
六、期末现金及现金等价物余额		

(一)经营活动产生的现金流量

1.“销售商品、提供劳务收到的现金”项目

该项目反映企业销售商品、提供劳务实际收到的现金(包括增值税的销项税额),包括本期销售商品、提供劳务收到的现金,以及前期销售商品、提供劳务本期收到的现金和本期预收的款项。本项目可以根据“主营业务收入”“其他业务收入”“应缴税费——应缴增值税(销项税额)”“应收账款”“应收票据”“预收款项”等项目分析填列。通常可以采用以下公式计算:

销售商品、提供劳务收到的现金=本期营业收入+本期增值税销项税额-应收账款的增加额(+应收账款减少额)-应收票据的增加额(+应收票据减少额)+预收账款的增加额(-预

收账款减少额)-票据贴现息+收回的坏账损失。

【例1】甲公司2012年营业收入为200000元,增值税销项税额为34000元。“应收账款”科目年初余额为60000元,年末余额为70000元;“应收票据”科目年初余额为50000元,无年末余额;“预收款项”年初余额为0,年末余额为20000元。本期另发生票据贴息5000元,收回坏账损失3000元。若甲公司“应收账款”“营业收入”科目均为销售商品、提供劳务款项,则甲公司销售商品、提供劳务收到的现金计算如下:

销售商品、提供劳务收到的现金=200000+34000-10000+50000+20000-5000+3000=292000(元)。

2.“收到的税费返还”项目

该项目反映企业收到返还的各种税费,包括收到返还的增值税、消费税、营业税、所得税、教育费附加等。

3.“收到其他与经营活动有关的现金”项目

该项目反映企业除上述各项目以外所收到的其他与经营活动有关的现金,如罚款、流动资产损失中由个人赔偿的现金、经营租赁租金等。

4.“购买商品、接受劳务支付的现金”项目

该项目反映企业购买商品、接受劳务实际支付的现金(包括增值税进项税额),包括本期购买材料、商品、接受劳务支付的现金,以及本期支付前期购买商品、接受劳务的未付款项以及本期预付款项。本项目可以根据“营业成本”“存货”“应付账款”“应付票据”“预付款项”“应缴税费——应缴增值税(进项税额)”等项目分析填列。通常可以采用以下公式计算:

购买商品、接受劳务支付的现金=本期营业成本+本期增值税进项税额+存货增加额(-存货减少额)-应付账款增加额(+应付账款减少额)-应付票据增加额(+应付票据减少额)+预付款项增加额(-预付款项减少额)-营业成本中的人工费及折旧费等。

【例2】甲公司2012年营业成本为150000元,应缴税费——应缴增值税(进项税额)为51000元。“存货”项目年初数为230000元,年末数为420000元;“应付账款”项目年初数为120000元,年末数为100000元;“应付票据”项目年初数为30000元,年末数为50000元;“预付账款”项目年初数为0,年末数为10000元。“生产成本”“制造费用”中的人工费为90000元,折旧费为50000元。若甲公司营业成本均为销售商品的成本,则:

甲公司购买商品、接受劳务支付的现金项目金额=150000+51000+190000+20000-20000+10000-90000-50000=261000(元)。

5.“支付给职工以及为职工支付的现金”项目

该项目反映企业实际支付给职工,以及为职工支付的现金,包括本期实际支付给职工的工资、奖金、各种津贴和补贴等,以及为职工支付的其他费用。本项目不包括支付给离退休人员的各项费用及支付给在建工程人员的工资及其他费用。企业支付给离退休人员的各项费用,在“支付其他与经营活动有关的现金”项目反映;支付给在建工程人员的工资及其他费用,在“购建固定资产、无形资产和其他长期资产支付的现金”项目反映。本项目可以根据“应付职工薪酬”科目的记录分析填列。

【例3】甲公司2012年“应付职工薪酬”借方发生额为210000元,其中包括支付给在建

工程人员的薪酬140000元，其余均为支付给公司员工的薪酬，则：

甲公司"支付给职工以及为职工支付的现金"项目的金额=210000-140000=70000(元)。

6."支付的各项税费"项目

该项目反映企业按规定支付的各种税费，包括企业本期发生并支付的税费，以及本期支付以前各期发生的税费和本期预缴的税费，包括所得税、增值税、营业税、消费税、印花税、房产税、土地增值税、车船使用税、教育费附加、矿产资源补偿费等，但不包括计入固定资产价值、实际支付的耕地占用税，也不包括本期退回的增值税、所得税。本期退回的增值税、所得税在"收到的税费返还"项目反映。本项目可以根据"应缴税费"科目的记录分析填列。

【例4】甲公司2012年"应缴税费"借方发生额为120000元，其中包括增值税进项税额51000元，其余为已缴的各项税费，则：

甲公司"支付的各项税费"项目的金额=120000-51000=69000(元)。

7."支付其他与经营活动有关的现金"项目

该项目反映企业除上述各项目外所支付的其他与经营活动有关的现金，如经营租赁支付的租金、支付的罚款、差旅费、业务招待费、保险费等。本项目可以根据"管理费用""销售费用"及"营业外支出"科目的记录分析填列。

(二)投资活动产生的现金流量

1."收回投资收到的现金"项目

该项目反映企业出售、转让或到期收回投资收到的现金。收回债券的利息、处置子公司及其他营业单位收到的现金净额不包括在本项目内。本项目可根据"可供出售金融资产""持有至到期投资""交易性金融资产"及"长期股权投资"科目的记录分析填列。

2."取得投资收益收到的现金"项目

该项目反映企业实际收到的债券投资的利息和股票投资的现金股利。

3."处置固定资产、无形资产和其他长期资产收回的现金净额"项目

该项目反映企业出售、报废的固定资产、无形资产和其他长期资产收到的现金，减去为处置这些资产而支付的有关费用的净额。如所收回的现金净额为负数，则应在"支付其他与投资活动有关的现金"项目反映。本项目可以根据"固定资产清理""无形资产"科目记录分析填列。

【例5】甲公司2012年"营业外支出"科目发生额为29000元，其中罚款支出2000元；固定资产清理净损失27000元。该固定资产原值200000元，已提折旧170000元，报废清理，清理过程中支付清理费用5000元，残料变价收入收到现金8000元，则：

甲公司"处置固定资产、无形资产和其他长期投资收回的现金净额"项目金额=8000-5000=3000(元)。

4."处置子公司及其他营业单位收到的现金净额"项目

该项目反映企业处置子公司及其他营业单位所取得的现金，减去相关处置费用的净额。

5."收到其他与投资活动有关的现金"项目

该项目反映企业除上述各项目以外，所收到的其他与投资活动有关的现金流入。

6."购建固定资产、无形资产和其他长期资产支付的现金"项目

该项目反映企业本期购买、建造固定资产,取得无形资产和其他长期资产实际支付的现金,以及用现金支付的应由在建工程和无形资产负担的职工薪酬。本项目应根据“固定资产”“在建工程”“无形资产”“工程物资”等科目记录分析填列。

【例 6】甲公司“固定资产”科目借方发生额中以支付现金购入的设备金额为 120000 元;“在建工程”科目借方发生额中包括支付的职工薪酬 140000 元;“工程物资”科目借方发生额 38000 元,为已付款购入的工程物资;“无形资产”科目本期无借方发生额,则:

甲公司“购建固定资产、无形资产和其他长期资产支付的现金”项目=120000+140000+38000=298000(元)。

7.“投资支付的现金”项目

该项目反映企业购入股票、债券及股权投资所支付的现金,以及支付的佣金、手续费等交易费用,但取得子公司及其他营业单位支付的现金净额除外。本项目可根据“可供出售金融资产”“持有至到期投资”“交易性金融资产”及“长期股权投资”科目的记录分析填列。

8.“取得子公司及其他营业单位支付的现金净额”项目

该项目反映企业购买子公司及其他营业单位购买出价中以现金支付的部分,减去子公司及其他营业单位持有的现金后的净额。

9.“支付其他与投资活动有关的现金”项目

该项目反映企业除上述各项以外所支付的其他与投资活动有关的现金流出,如企业购买股票时实际支付的价款中包含的已宣告而尚未领取的现金股利,购买债券时支付的价款中包含的已到期尚未领取的债券利息等。

(三)筹资活动产生的现金流量

1.“吸收投资收到的现金”项目

该项目反映企业以发行股票、债券等方式筹集资金实际收到的款项,减去直接支付的佣金、手续费、宣传费、咨询费、印刷费等发行费用后的净额。本项目可根据“实收资本(或股本)”“应付债券”科目的记录分析填列。

2.“取得借款收到的现金”项目

该项目反映企业举借各种短期、长期借款实际收到的现金。本项目可以根据“短期借款”“长期借款”科目的记录分析填列。

3.“收到其他与筹资活动有关的现金”项目

该项目反映除上述各项目以外所收到的其他与筹资活动有关的现金流入,如接受现金捐赠等。

4.“偿还债务支付的现金”项目

该项目反映企业偿还债务本金所支付的现金,包括偿还短期借款、长期借款的本金,偿还债券的本金。企业支付的借款利息和债券利息在“分配股利、利润或偿付利息支付的现金”项目反映,不包括在本项目内。本项目可以根据“短期借款”“长期借款”及“应付债券”科目的记录分析填列。

5.“分配股利、利润或偿付利息支付的现金”项目

该项目反映企业实际支付的现金股利、支付给其他投资单位的利润或用现金支付的借款

利息、债券利息等。本项目可根据“应付股利”“应付利息”“财务费用”等科目的记录分析填列。

6.“支付其他与筹资活动有关的现金”项目

该项目反映企业除上述各项目外所支付的其他与筹资活动有关的现金流出，如捐赠现金支出、融资租入固定资产支付的租赁费等。

第二节　所有者权益变动表

一、所有者权益变动表的内容及结构

所有者权益变动表，是指反映构成所有者权益各组成部分当期增减变动情况的报表。所有者权益变动表的格式如表3–2所示。

表3–2　所有者权益变动表

编制单位：　　　　　　　　　　　　年度　　　　　　　　　　　　单位：元

项目	本年金额					上年金额				
	实收资本（股份）	资本公积	盈余公积	未分配利润	所有者权益合计	实收资本（股本）	资本公积	盈余公积	未分配利润	所有者权益合计
一、上年年末余额										
加：会计政策变更										
前期差错更正										
二、本年年初余额										
三、本年增减变动金额										
（一）净利润										
（二）直接计入所有者权益的利得和损失										
1.可供出售金融资产公允价值变动										
2.权益法下被投资单位其他所有者权益变动的影响										
3.与计入所有者权益项目相关的所得税影响										
4.其他										
（三）所有者权益投入和减少资本										

续表

项目	本年金额					上年金额				
	实收资本(股份)	资本公积	盈余公积	未分配利润	所有者权益合计	实收资本(股本)	资本公积	盈余公积	未分配利润	所有者权益合计
1.所有者投入资本										
2.股份支付计入所有者权益的金额										
3.其他										
(四)利润分配										
1.提取盈余公积										
2.对所有者(股东)的分配										
3.其他										
(五)所有者权益内部结转										
1.资本公积转增资本(股本)										
2.盈余公积转增资本(股本)										
3.盈余公积弥补亏损										
4.其他										
四、本年年末余额										

二、所有者权益变动表的填列方法

(一)"上年年末余额"项目

反映企业上年资产负债表中实收资本(或股本)、资本公积、盈余公积、未分配利润的年末余额。

(二)"会计政策变更""前期差错更正"项目

分别反映企业会计政策变更的影响金额和会计差错更正的影响金额。

(三)"本年增减变动额"项目

1."净利润"项目,反映企业当年实现的净利润金额。

2."直接计入所有者权益的利得和损失"项目,反映企业当年直接计入所有者权益的利得和损失金额。

(1)"可供出售金融资产公允价值变动净额"项目,反映企业持有的可供出售金融资产当年公允价值变动的金额。

(2)"权益法下被投资单位其他所有者权益变动的影响"项目,反映企业对按照权益法核算的长期股权投资,在被投资单位除当年实现的净损益以外其他所有者权益当年变动中应享有的份额。

(3)“与计入所有者权益项目相关的所得税影响”项目,反映企业根据规定应计入所有者权益项目的当年所得税影响金额。

3.“所有者权益投入和减少资本”项目,反映企业当年所有者投入资本和减少的资本。

(1)“所有者投入资本”项目,反映企业当年所有者投入形成的实收资本(或股本)和资本溢价或股本溢价。

(2)“股份支付计入所有者权益的金额”项目,反映企业股份支付当年计入资本公积的金额。

4.“利润分配”项目,反映企业当年利润分配金额。

(1)“提取盈余公积”项目,反映企业按照规定提取的盈余公积。

(2)“对所有者(或股东)的分配”项目,反映对所有者(或股东)分配的利润(或股利)金额。

5.“所有者权益内容结转”项目,反映企业构成所有者权益的组成部分之间的增减变动的情况。

(1)“资本公积转增资本(或股本)”项目,反映企业以资本公积转增资本或股本的金额。

(2)“盈余公积转增资本(或股本)”项目,反映企业以盈余公积转增资本或股本的金额。

(3)“盈余公积弥补亏损”项目,反映企业以盈余公积弥补亏损的金额。